AF311707

LA CRISE

EN

RUSSIE SOVIÉTIQUE

LA CRISE EN RUSSIE SOVIÉTIQUE

PAR

JACQUES LYON

LIBRAIRIE FÉLIX ALCAN

LA CRISE

EN

RUSSIE SOVIÉTIQUE

PAR

JACQUES LYON

———

PARIS

LIBRAIRIE FÉLIX ALCAN

108, BOULEVARD SAINT-GERMAIN, VI⁰

1929

Après conflits autour du pouvoir des lieutenants et successeurs de Lénine. Élimination progressive des initiateurs de la Révolution. Exils de Trotsky en Russie et hors de Russie. Tendances de droite et de gauche se heurtant au sein du parti. Autant de disputes obscures qui se déroulent et dont l'écho s'étouffe entre les remparts du Kremlin dont l'armée rouge garde les portes crénelées. Ces querelles de palais ne sont que l'expression politique des diffcultés économiques profondes auxquelles se heurte le régime, de ses échecs et de ses déboires, de la nécessité où il se voit acculé de se transformer ou de périr.

A cet égard, 1928 marque pour la Russie soviétique une crise indéniable et grave, d'origine économique et de répercussions politiques.

Crise de dissolution ou crise de croissance ? N'était la capacité de résignation et de sacrifice dont la Russie a fourni tant de preuves avant et depuis la Révolution; n'était la relative faculté d'adaptation dont son gouvernement a déjà témoigné et que facilite son caractère dictatorial ; à ne tenir compte que des constatations matérielles ; à négliger sentiments, passions, idées-forces, on serait tenté de pencher vers la première hypothèse.

Mais, depuis 1917, le gouvernement soviétique a maintes fois frôlé les abîmes, puis, d'un coup de rein, les a franchis. A chaque étape, il a du sacrifier à l'impérieuse réalité, à la volonté de vivre, quelques illusions et plus d'un principe. Ainsi, de crise en crise, se poursuit une évolution qui, tout en dépouillant le régime de nombre de ses aspects inquiétants n'accroît pas moins, en l'adaptant au réel, ses chances de durée. Sa survie dépasse toutes les prévisions des experts patentés.

Ce n'est pas à dire que sa situation présente ne soit périlleuse, ni que ses dirigeants puissent envisager l'avenir avec une imperturbable confiance. Mais la plus ancienne puissance industrielle européenne, l'Angleterre, ne traverse-t-elle pas une crise redoutable; nombre de ses charbonnages ne travaillent-ils pas à perte; n'est-elle pas contrainte de provoquer l'émigration d'un excédent d'ouvriers qualifiés ?

Bref si, au regard des difficultés économiques où se débat actuellement le régime soviétique, un mépris pharisaïque n'est pas de mise de la part de l'Europe capitaliste, du moins la Russie est-elle encore moins fondée à témoigner cet orgueil de pionnier, de précurseur qu'elle affecte si volontiers au regard des misérables petits bourgeois européens. Quels que soient leurs vices, la solidité maintes fois éprouvée des systèmes industriels à base capitaliste leur a permis à ce jour de surmonter les tempêtes plus aisément que ne paraît faire l'organisation soviétique.

Par ailleurs, au problème toujours débattu de la plus efficace et équitable organisation industrielle, la Révolution russe a sans doute apporté des formules et des tentatives, qui laisseront leur trace et ne sauraient plus être négligées, de démocratisation et de centralisation industrielles. Elle n'a fait, au reste, dans une large mesure, que s'inspirer, plus ou moins consciemment, des ébauches et tentatives faites en ce double domaine par les pays capitalistes, notamment les États-Unis. Du moins n'at-elle réussi, ni à fournir de ce problème la solution idéale et définitive, ni à abolir les caractères essentiels du salariat, ni à innover de toutes pièces, et elle se voit chaque jour contrainte de suivre la trace et de se conformer à l'expérience de l'industrie capitaliste.

Entre Russie soviétique et Europe bourgeoise, sans violence ni révolte, par une lente mais inévitable transformation, des échanges matériels et spirituels se poursuivent où, contrainte d'emprunter dans une proportion sans cesse croissante outillages et méthodes, la première est indiscutablement et largement débitrice.

C'est cette évolution qui, à travers les secousses politiques et économiques, tantôt la retardant, tantôt la hâtant, se poursuit dans le triple domaine de l'agriculture, de l'industrie et de l'éducation nationale, que, avec l'aide exclusive de documents et déclarations soviétiques, nous souhaiterions mettre en relief dans les pages qui suivent.

LA CRISE

EN

RUSSIE SOVIÉTIQUE

CHAPITRE PREMIER

LA CRISE RURALE

Fin 1927 et début 1928 l'orage, que tout faisait prévoir, s'est brutalement abattu sur la Russie soviétique. Il se marquait par l'effondrement soudain et catastrophique des approvisionnements normaux et indispensables en blé.

Déficit du blé russe. Cause et conséquences.

Quelques chiffres suffisent à en témoigner. En octobre, les 19 millions de zentner prévus au plan d'approvisionnements se réduisirent à 13.300.000. En novembre, on passa de 14 millions à 7 millions et demi ; en décembre de 13 à 6 millions et demi. En dépit du recours aux « mesures exceptionnelles », la différence ne fit que s'accroître, passant, en mai, de 7 millions à 2 millions et demi.

Dès lors, tout espoir disparaissait de pouvoir, par les exportations de blé, équilibrer la balance commerciale. Bien mieux, la Russie en était réduite à faire en hâte, à tout prix, appel à l'importation étrangère. Les achats extérieurs de blé reflétaient la fièvre et l'angoisse des dirigeants.

Les conséquences possibles de la crise n'étaient que trop claires. Ce pouvait être la famine. Ce pouvait être l'effondrement du plan industriel. L'une et l'autre catastrophe furent évitées, non sans peine et non sans que le gouvernement soviétique se vît contraint de carguer ses voiles révolutionnaires et de consentir mainte concession durable.

Sans doute, au début, feignit-il de méconnaître l'origine de la crise. Par réaction politique instinctive, il l'attribua à des manœuvres politiques auxquelles il n'était, à l'en croire, nul autre remède efficace que de taper sur la double tête de turc du paysan riche et du commerçant spéculateur, du « Koulak » et du « Nepman ».

Il en fallut promptement rabattre. La situation était précisément d'autant plus grave que elle tient à des causes profondes qui, issues du régime lui-même, risquent d'être durables et de ne s'améliorer qu'à la longue.

A négliger des motifs secondaires, si importants soient-ils, tels que : l'accroissement de la population, notamment urbaine, et de la consommation, le déficit menaçant de la production du blé et la disparition du stock d'exportation sont la conséquence directe et inévitable de la révolution agraire et du partage des terres.

La part de la récolte de blé destinée au marché est passée de 22 millions de tonnes, fournies en 1913, à concurrence de 75 p. 100, par les grands propriétaires et les paysans riches, à 11 ou 12 millions, dont 75 p. 100 proviennent de la paysannerie moyenne et se trouvent éparpillés entre leurs millions d'exploitations.

En même temps que disparaissaient les vastes domaines à grands excédents de blé qui n'ont d'autre débouché que le marché, la consommation paysanne de pain s'accroissait plus vite que ne se développait la technique agricole demeurée, au moins en certaines régions, prodigieusement arriérée.

« La Révolution d'Octobre, écrit un spécialiste « des questions agraires, a accru la division, la par- « cellisation de notre économie rurale, déjà com- « mencée sous la Russie tzariste. Ce n'est que main- « tenant (1928) que nous nous rapprochons de la « surface cultivée d'avant-guerre (95 p. 100). Mais « si, actuellement, notre agriculture ne produit que « 2 à 300 millions de pouds de moins que avant- « guerre, la fraction de cette production destinée au « marché est deux fois moindre qu'alors... » Il conclut à l'existence d'un conflit : « entre les possibi- « lités de la petite culture de fournir du blé destiné « au marché et les exigences à ce sujet de l'en- « semble de l'économie nationale ».

La prépondérance agricole de la Russie soviétique impose à ses dirigeants la tâche et la préoccupation d'élever une paysannerie, depuis moins d'un siècle libérée du servage, au niveau des droits et responsabilités d'une démocratie rurale égalitaire, et de coordonner les millions d'exploitations individuelles, où se dispersent ses forces, au moyen de groupements coopératifs d'achat et de vente, d'utilisation en commun des moyens de production. Double entreprise, favorisée sans doute par l'uniformité du sol et l'éparpillement des villages, mais exigeant la lente collaboration du temps. On ne passe pas sans transition des groupements collectifs contraints ou volontaires, produit d'une tradition séculaire, à la pratique où s'engage la Russie de la petite propriété individuelle. La diffusion en Russie de l'esprit et des méthodes conjuguées de la propriété individuelle et de la coopération exige à tout le moins une génération. Dans l'intervalle, le régime connaîtra maintes crises de sous-production agricole.

La famine a pu être évitée cette année. Sans doute n'est-elle jamais qu'un risque, si angoissant soit-il, exceptionnel et passager. Par contre, la disparition ou l'extrême réduction d'un surplus exportable est un phénomène plus permanent et, pour le maintien de l'équilibre de l'économie nationale, plus redoutable.

Elle met en péril le maintien même d'une industrie russe qui ne saurait se passer des matières premières et de l'outillage achetés à l'étranger. Importation qui exige une exportation correspondante que, seule, en Russie, l'agriculture est à même de fournir.

A négliger en effet les céréales et à omettre le naphte, l'analyse des exportations russes établit qu'elles se composent exclusivement de produits du travail agricole : œufs, volailles, bétail, boyaux, bois. Les produits fabriqués représentent moins de 1 p. 100 de l'exportation russe. C'est du travail et de la productivité de l'agriculture que, pour le maintien même de son existence, dépend l'industrie.

Sous quelque aspect que, en Russie soviétique, on envisage le problème industriel, d'importance vitale, c'est toujours au paysan et à sa volonté d'approvisionner l'industrie qu'il faut revenir.

Or, des surfaces nouvelles ne seront ensemencées, des réserves ne sortiront des granges et des silos que dans la mesure où les céréales pourront s'échanger contre des marchandises. L'agriculture fournira plus de blé marchand si l'industrie lui fournit, à prix accessibles, plus de marchandises. Elle n'accroîtra sa production brute que dans la mesure où l'industrie lui facilitera l'emploi de machines et d'engrais. La nécessité de vendre du blé pour acquitter l'impôt direct y saurait d'autant moins suppléer que le gouvernement ne se risque pas, en ce qui touche les paysans moyens, à en accroître le poids.

Par ailleurs, l'industrie ne peut s'approvisionner au dehors d'outillage et de matières premières que dans la mesure où l'agriculture produit un excédent d'exportation, et la dépendance au regard des marchés extérieurs de l'industrie soviétique ne se réduira que au fur et à mesure que les ensemencements du paysan russe en lin et en coton, le développement de son cheptel diminueront la proportion demandée au dehors des matières premières dont elle ne saurait se passer.

Mais si l'industrie russe est étroitement dépendante des progrès et du bon vouloir de l'agriculture, la réciproque n'est pas vraie. Sans le concours actif du marché rural, sous la double forme productrice et consommatrice, l'industrie russe est vouée à la disparition ; cependant que le paysan russe peut, dans une large mesure, se passer des produits de l'industrie.

La prépondérance du consommateur rural.

Aussi bien, chaque fois que l'économie russe voit poindre à l'horizon le péril de la diminution de ses approvisionnements en blé, l'approvisionnement de la campagne en marchandises passe-t-il au premier rang des mesures d'urgence.

Tel fut le cas au cours de la crise de 1928. Discours et articles, nécessairement revêtus en Russie soviétique de l'estampille officielle, firent, avec une angoisse unanime, retentir la même note.

« Pour la réalisation des récoltes, les fournitures de
« marchandises industrielles jouent un rôle décisif.
« La question de l'approvisionnement en de telles
« marchandises des zones productrices de blé appa-
« raît présentement comme la plus essentielle. La
« campagne de blé n'affectera un aspect favorable
« que dans la mesure où nous pourrons répandre

« dans les campagnes des masses accrues de mar-
« chandises. Le devoir essentiel du moment présent,
« c'est le plus large approvisionnement possible du
« village ».

Le gouvernement faisait annoncer que un million
de wagons de marchandises étaient mis en réserve
pour être dirigés, le moment venu, vers les zones
productrices de blé. Il agissait comme si les paysans
avaient déclaré : « Nous n'approvisionnerons en blé,
« les villes et les usines que si elles nous fournissent
« des marchandises industrielles ». Telle est bien, en
terre russe, la situation.

Or, à en juger par les constantes réclamations des
délégués paysans aux Assemblées des soviets, le
nombre et la diversité de ces marchandises vont sans
cesse croissants. L'approvisionnement du village ne
se limite plus en effet à quelques marchandises traditionnelles et indispensables telles que : sel, allu-
mettes, essence et quelques perses grossières. Dès
avant la guerre, les régions productrices de blé étaient
considérées par l'industrie comme des consomma-
trices excellentes et exigeantes, comme un débouché
fructueux. La révolution, en maintenant, ou peu
s'en faut, leurs ressources, a sensiblement étendu
leurs besoins. Le village, désormais, réclame et consomme plus que la ville, compte tenu de l'énormité
de sa masse, mobilier, parfumerie et sucreries. Sans
doute, plus récemment venue à ces raffinements, sa
population peut-elle encore s'en passer ; mais,
donnant, donnant, elle ne fournira ses excédents de

blé qu'autant qu'on lui procurera ses marchandises de luxe.

Or, jusqu'à ce jour, l'industrie n'est pas encore parvenue à adapter, en quantité, en qualité et en prix, sa production une à consommation sans cesse accrue.

Mais, non plus que l'amélioration des méthodes de culture, un pareil équilibre ne saurait être atteint en un tournemain. Il y faut temps, méthode et patience, toutes formules qui, instinctivement, répugnent aux pouvoirs d'origine et de tendances révolutionnaires.

Les « mesures exceptionnelles ».

Placé en présence de la crise de 1928, dont il ne pouvait se dissimuler la gravité, le gouvernement soviétique le fit bien voir. Son premier ges'e fut de recourir à la pharmacopée des formules politiques du communisme de guerre.

« En janvier 1928, dit le rapport lu à l'Assemblée « générale du parti communiste de juin 1928, le gou- « verne ent se trouva face à face avec un déficit, « par rapport à l'année précédente, de 128 millions « de pouds menaçant de provoquer une crise de « toute notre économie nationale. C'est alors que, « pour remédier au mal, le parti (dans tous docu- « ments et rapports, la mention du parti précède « celle du gouvernement) et le gouvernement réso- « lurent d'avoir recours aux mesures extraordinaires

« de perquisitions, arrestations, fermetures de
« bazar etc... »

Mais le gouvernement se heurta aussitôt à deux
catégories d'obstacles : naturels et politiques.

D'une part, il advint « que des circonstances atmos-
« phériques détruisirent, dans le sud de l'Ukraine et
« au Nord du Caucase, une appréciable fraction des
« semailles d'automne, provoquant un nouveau
« déficit des approvisionnements gouvernementaux
« de 25 millions ».

D'autre part, les mesures exceptionnelles provo-
quèrent, au dire même de la presse soviétique, le
« mécontentement d'une large fraction de la pay-
« sannerie moyenne et même pauvre ». Les pessi-
mistes, nombreux, envisageaient avec inquiétude
un renouveau des évènements et de la révolte des
« Kronstadt » qui aboutit à la Nep provoquée, exigée
par la « grève » du producteur paysan. « Il ne manque
« pas parmi nous de gens, dit un communiste, pour
« voir dans la situation le début d'une nouvelle édi-
« tion de Kronstadt ». L'état d'esprit de la masse
paysanne est ainsi décrit par un journaliste communiste. « Devant la soudaineté de l'introduction des
« mesures exceptionnelles, fouilles, perquisitions
« dans les Dvors, des bruits se firent jour d'un
« changement de politique, auxquels se mê-
« laient des rumeurs de guerre prochaine. Le sou-
« venir malencontreux réapparut des années passées
« du communisme de guerre. Le village commença
« à se replier sur lui-même ; dans le cerveau du

« paysan le doute naquit de la solidité de ses droits
« sur sa terre ; ne lui avait-on pas clairement laissé
« entendre que, son impôt payé, il pourrait disposer
« librement de son excédent de récolte ? Sa confiance
« vacilla ».

Loin de croître, les approvisionnements allaient
diminuant et la surface ensemencée par les paysans
moyens et riches se rétrécissait.

La capitulation. Les décisions du parti de juin 1928.

C'est dans ces conditions, et la crise atteignant son
maximum, que le parti communiste intervient en
juin 1928 et décide d'inaugurer « un nouveau cours ».

La décision émane, non du gouvernement, du
Praesidium du Tsik, mais du parti communiste qui,
automatiquement, se substitue à lui. En janvier 1928
quand il avait été décidé de recourir aux « mesures
exceptionnelles », le Tsik avait jugé que les circonstances n'étaient pas favorables à la convocation des
électeurs en vue du renouvellement des assemblées
locales et, par contre coup, des assemblées générales
soviétiques. Il les avait donc ajournées à l'automne de 1928 (elles ont-été, depuis lors, reportées
au printemps de 1929). Cette tâche accomplie, ce rôle
joué, Praesidium et Conseil des Commissaires s'effa-
cent et c'est le « Politbureau » qui prend et fait
exécuter par les organes gouvernementaux inféodés
au parti les décisions qu'approuve le « plenum ».
Une fois de plus, en Russie comme en Italie, avec des

idéals politiques antagoniques, la méthode apparaît identique de fusion entre le parti et le gouvernement et de suprématie du premier sur le second. Les trois résolutions capitales du « plenum » de juin 1928 sont « rapportées » par trois membres du gouvernement qui n'en est que l'émanation : Mikoian, Kalinine et Molotov.

L'importance du rôle joué par le parti est d'autant plus significative que la décision à prendre est plus grave. Du caractère de cette décision dépend l'assentiment ou la résistance de la paysannerie, c'est-à-dire l'avenir du régime. Il se trouve pris entre deux feux : ou paraître s'embourgeoiser, ou renforcer les méthodes extrémistes. Dans le premier cas, il s'expose aux attaques renouvelées de l'opposition trotzkyste ; dans le second, il consacre son triomphe.

En la forme, il s'en tire en faisant alterner une déclaration de guerre au Koulak et un hymne à la Nep. Au fond, en dépit des satisfactions verbales données à son aile gauche, il échappera difficilement à l'accusation de suivre, en matière agraire à tout le moins, une politique « petite bourgeoise ». A vrai dire, le parti capitule.

Il part de ces constatations que : « la petite et « moyenne économie rurale est destinée à demeurer « longtemps encore la base de notre production de « grain » et que les « résultats des tentatives faites « pour entraîner l'agriculture dans les voies de la « coopération se révèlent clairement insuffisants,

« notamment en matière de coopérative de produc-
« tion rurale ».

Il aboutit aux résolutions du 10 juin 1928 qui
marquent un tournant dans l'histoire de la révolution russe. Le parti communiste y reconnaît implici-
tement la prépondérance de la paysannerie et qu'il
ne saurait se passer de sa collaboration volontaire :

« L'agriculture, est la base du développement de
« l'industrie, à la fois comme marché absorbant les
« produits industriels et comme fournisseur de
« matières premières et d'approvisionnements. Bien
« plus, du degré de l'exploitation des produits agri-
« coles, notamment des céréales, dépend, dans une
« large mesure, le degré d'importation de l'outillage
« industriel. C'est l'agriculture qui marque le rythme
« du développement de l'industrie. Enfin, du degré
« de l'exportation des produits agricoles dépend,
« pour une large part, la possibilité de constituer
« ces réserves en devises indispensables à nos ma-
« nœuvres économiques ».

Poursuivant ses considérants, le parti ajoute
que :

« La médiocre productivité de notre économie
« rurale renferme le péril d'une rupture entre la ville
« socialiste et la petite paysannerie qui troublerait
« profondément les conditions de formation socia-
« liste de toute notre économie nationale...... Ce
« péril se fait particulièrement sentir en présence
« du faible développement de notre production de
« blé qui demeure inférieure à nos besoins pour

« l'approvisionnement, tant de notre marché inté-
« rieur que de notre exportation ».

Constatant que si les terres ensemencées en blé
atteignent 95 p. 100 d'avant-guerre, le blé destiné
au marché représente à peine 50 p. 100 des quantités
d'avant-guerre, « d'où il résulte que l'exportation
« annuelle qui, avant-guerre, était de 6 à 700 mil-
« lions de pouds est presque tombée à néant », le parti
conclut que « le problème du blé est un des plus
« graves problèmes de notre politique économique ».

La situation ne saurait être plus clairement ni
plus vigoureusement résumée. Quant aux conséquences qu'elle comportait, l'Assemblée générale du
parti communiste n'hésita pas à les tirer en décré-
tant, à la fois, l'abolition solennelle, proclamée à
tous échos, de toutes « mesures exceptionnelles » et
l'élévation du prix du blé. En même temps retom-
baient dans le néant les projets de code rural nouveau passionnément discutés avant la crise et destinés à favoriser les modes d'exploitations collectives, à combattre la location des terres et des bras
de paysans pauvres.

Le rural, le paysan aisé ou riche, les modes d'exploitation individuelle des terres, triomphaient sur
toute la ligne.

La victoire paysanne.

Les conséquences de cette capitulation ne tardè-
rent pas à se faire sentir. Le paysan a désormais

conscience de sa force et d'avoir reconquis une liberté d'action dont, à l'avenir, le gouvernement ne pourra, sans danger pour son existence même, le dépouiller. L'insuccès, puis l'abandondes « mesures exceptionnelles » ne sont pas demeurés incompris des ruraux. D'après une correspondance de Samara d'août 1928. le Koulak redresse la tête et le paysan entend vendre son blé à qui lui en offrira le meilleur prix. On y révèle que la campagne engagée en vue des contrats de fourniture de blé, au prix officiel, aux organisations d'État se heurte à l'opposition ou à l'indifférence de maintes coopératives rurales de production ou de crédit, notamment de la part des Koulaks qui y siègent et déclarent publiquement : « Nous ne voulons pas conclure de contrats ; nous « vendons nos excédents de récolte aux marchands « privés qui paient plus cher ».

La confiance ébranlée ne fait que lentement retour. Maints interviews de paysans publiés par la presse témoignent que, consciente de sa force, la paysannerie entend poser ses conditions.

« Nous recommençons, dit l'un d'eux, à apporter « librement notre blé au bazar. L'agent de police « ne saisit plus notre cheval par la bride pour « l'amener au centre de concentration du blé. Nous « ne nous glissons plus, pour lui échapper, par les « ruelles écartées. Mais tous les paysans ne sont pas « informés de ce libre accès au bazar. Les Koulaks « ont récemment fait courir le bruit qu'il va être « procédé au recensement des stocks et que tout le

« blé sera enlevé ». « En conséquence, dans certains
« villages, des paysans effrayés ont déjà fauché leur
« avoine d'hiver pour la cacher ensuite. Il est urgent
« quel la paysannerie soit informée des décisions
« gouvernementales. Il n'est pas douteux que les cul-
« tivateurs préfèrent à l'ordinaire vendre à la coo-
« pérative plutôt qu'au commerçant privé, mais ils
« veulent que la coopérative puisse leur fournir des
« marchandises en retour de leur blé ».

Un autre paysan, membre du Conseil d'Administration de la coopérative locale, déclare : « Les pay-
« sans ne donneront leur blé aux coopératives qu'au-
« tant qu'elles leur fourniront des marchandises.
« Or, dans ces derniers temps, l'approvisionnement
« de la coopérative paysanne à été insuffisant même
« en marchandises d'usage le plus courant et tenues,
« à l'ordinaire, pour non déficitaires. Au surplus la
« qualité en demeure médiocre ».

Les paysans accueillent avec satisfaction l'an-
nonce de l'élévation des prix du grain, mais une
défiance subsiste : « N'en résultera-t-il pas, s'inquiè-
« tent-ils, une augmentation des prix des produits
« manufacturés, notamment de la chaussure ? »

Un autre paysan, conseiller municipal ,d'un village situé dans le cercle de Samara, centre tradi-
tionnel de fourniture du blé, déclare : « L'aboli-
« tion des mesures extraordinaires est le seul
« moyen efficace pour permettre à la paysannerie de
« disposer librement de ses excédents de blé. Il
« importe que de pareille décision soit prompte-

« ment et exactement appliquée. « « Les actes de
« pression de ce printemps nous ont effrayés, ajoute
« un autre. Au mois de mai, des perquisitions eurent
« lieu chez tous les paysans moyens et chez nombre
« de paysans pauvres. Avec la publication des prix
« nouveaux, l'ouverture des bazars de blé, la situa-
« tion s'est améliorée ».

Ce n'est pas à dire qu'elle soit redevenue parfaite.
L'équilibre demeure précaire et, en août 1928, les
Izviestia proclament : « notre production de blé est
inférieure à nos besoins ».

Mais, pour satisfaire aux revendications paysannes, d'autres éléments sont désormais interve-
nus. On voit s'effriter le monopole gouvernemental
des achats de blé. Le petit commerce de blé refait
son apparition. Plus souple, plus entreprenant, en
liaison avec le Koulak et avec les petits marchands
que nous verrons parcourant la campagne, il va
directement au paysan, paie plus cher et enlève
sans tarder une marchandise qu'il sait si précieuse
qu'il lui sera toujours loisible de l'écouler à bénéfice. En Crimée, dans la seconde quinzaine
d'août 1928, des commerçants ont enlevé dans leurs
charrettes 33.000 tonnes constituant la plus large
fraction de la part disponible de la nouvelle récolte.
Sollicité par les organes du Trust d'État, par les
coopératives, par les commerçants privés, le paysan
vend à qui lui paie le plus cher.

Si la tentative a échoué d'étendre le monopole
du blé, du commerce extérieur aux moindres mani-

festations, du commerce intérieur, ce n'est pas sans avoir auparavant failli provoquer une catastrophe. Elle paraît avoir puissamment contribué à la crise de janvier-juin 1928. Il avait été décrété que seuls, désormais, les organes d'État pourraient acheter, partant, vendre des céréales. Résultat, proclamé par les « Izviestia » : « Tous les petits ruisseaux et canaux « commerciaux, jusques et y compris les bazars, se « trouvèrent soudain arrêtés et asséchés ». Devant l'impuissance des organes gouvernementaux à satisfaire à la tâche, le commerce clandestin intervint, provoquant, comme à l'ordinaire, une hausse excessive des prix. Les résolutions du « plenum » du parti de juin décidèrent de rouvrir « les canaux com- « merciaux bouchés au cours des derniers mois, et « des masses considérables de blé s'engagèrent à « nouveau dans ces canaux dont l'absence s'était « fait d'autant plus sentir que le commerce privé « paie des prix plus élevés que ceux des organes « d'État ».

Le journal officiel des Soviets admet les troubles graves provoqués par la « rupture des liens du com- « merce des blés de printemps et d'hiver, dont le « pays ne peut pas se passer ». La légalité des opérations du commerce privé du blé est, par lui, si bien reconnue qu'il recommande aux organismes d'État de témoigner, dans leur politique de prix, du « maxi- « mum de souplesse et d'aptitudes manœuvrières, « en ne perdant pas de vue qu'ils ont cessé de béné- « ficier du monopole d'achat du blé. C'est par des

« manœuvres commerciales et non par des moyens
« administratifs qu'ils parviendront à régulariser le
« prix du blé aux divers lieux de production ».

Non seulement le paysan vend au commerçant
privé, mais c'est également à lui que, pour ses
achats, lui donnant la préférence sur la coopérative,
il a tendance à s'adresser. Voici l'image du « nepman » de campagne que, dans un journal soviétique,
trace un observateur : « On arrive au village ; la
« foule afflue dans les rues entourant une simple
« voiture mais pleine jusqu'aux bords de toute espèce
« de marchandises. Par un miracle, cette voiture
« renferme, à la lettre, toutes les marchandises pos-
« sibles, depuis la viande jusqu'aux enveloppes
« munies de timbres. Le détaillant est arrivé ; le
« bruit s'en répand ; autour de sa voiture, ce sont
« bavardages, rires, marchandage. Les femmes se
« parent de mouchoirs et de peignes ; les filles
« essaient les boucles d'oreilles flairent le savon;
« tâtent les étoffes; plus pratiques les hommes
« examinent haches et faux. Cependant, le détail-
« lant lance des bons mots, fait le galant avec
« les filles, persuade, passe la marchandise dans
« les mains des clients, reçoit la monnaie. Et dans
« toute sa personne, dans tous ses gestes, on sent
« le jeune marchand qui se plaît à son fructueux
« travail. Il vient de la ville et s'en va à la campagne
« avec une marchandise pour chacun. Il se rend
« dans les endroits écartés, dans les régions fores-
« tières, vendant un petit kopek plus cher par livre.

« Mais la coopérative ne peut s'occuper de ce com-
« merce de détail, elle ne peut atteler un cheval à une
« voiture et s'en aller faire ainsi le commerce de
« bagatelles. »

On admet en général que le paysan conserve
50 p. 100 de sa production, que, du solde, désormais,
25 p. 100 est acheté par le commerce privé, 20 p. 100
vendu en marché libre (bazar), 55 p. 100 acquis par
les organismes d'État privés du pouvoir de fixer
les prix à leur gré.

De l'échec du monopole intérieur du blé les dirigeants du parti et du gouvernement veulent rejeter
la responsabilité sur les organes soviétiques inférieurs, sur les pouvoirs locaux ou administratifs en
contact avec la campagne et qui n'auraient pas
déployé un zèle suffisant. Vaines et injustes critiques.
Les organes locaux soviétiques, déjà médiocrement
armés pour la tâche administrative particulièrement
vaste et complexe qui leur incombe, sont hors d'état
d'y joindre le double rôle d'acheteurs de blé et de
vendeurs de marchandises de tout ordre.

Aussi bien, ce qui importe, ce sont moins les critiques pour le passé que les instructions pour l'avenir
qui sont catégoriques et témoignent d'une singu-
lière volte face.

« Contre le bureaucratisme, le laisser-aller, la
« hautaine attitude, à la « tchinovnik », au regard
« de tout paysan des organes commerciaux et
« administratifs en matière d'approvisionnement en
« blé, une guerre acharnée et systématique doit être

« déclarée… Lutte sans merci sera poursuivie contre
« toute récidive des moyens extraordinaires abolis.
« par le parti (cité, comme il sied, le premier) et par
« le gouvernement ».

A ces recommandations si prudentes et si sages
on ne manque pas d'ajouter, à titre de palliatif politique, le maintien et l'emploi contre les éléments
Koulak de tous les moyens de répression prévus et
permis par la loi ainsi que mainte allusion aux
périls de l'encerclement capitaliste.

Ainsi les décrets du Directoire masquaient-ils
leur « modérantisme » sous des menaces périmées
contre les « aristocrates » et contre les « suppôts de la
perfide Albion ».

Les campagnes et la religion.

La crise de 1928 a contribué à dégager, dans le
domaine politique, d'autres symptômes non moins
significatifs. Sans doute le paysan demeure-t-il
attaché au régime qui a, temporairement au moins,
apaisé sa faim de terre et l'a libéré du voisinage,
haï ou jalousé, du pomiechtchik. Néanmoins, au
regard du triple idéal du régime nouveau : lutte
contre la religion ; participation permanente à la
vie publique ; exploitations collectives, il fait
montre, sinon d'hostilité au moins d'apathie et
d'indifférence.

En dépit de la propagande « sans dieu », le paysan
soviétique demeure attaché à ses traditions reli-

gieuses. J'emprunte à une enquête faite par un rédacteur des Izviestia un témoignage vivant d'une situation paradoxale.

Dans le bourg de Protopopof de « l'Ouiezd » Kolomna, près Moscou, l'Église orthodoxe subsiste, bien entretenue. Sur sa façade, au milieu de placards soviétiques, un appel se détache ainsi conçu : « L'Orthodoxie est le soutien de la moralité, de la famille, et du bien être de la population ». Le bedeau est membre actif du syndicat des ouvriers métallurgistes qui constituent 90 p. 100 des habitants Des 400 groupements familiaux que compte la paroisse, il n'en est que deux qui s'abstiennent d'acquitter la taxe religieuse. Cependant, 140 de ses familles comptent des membres actifs des cellules communistes de l'Usine de Kolomna. Dans l'une d'entre elles, le père, tourneur à l'usine, est, ainsi que sa femme, membre du conseil de fabrique ; le fils, tailleur, est secrétaire de la cellule locale et participe aux dépenses du culte.

Deux collectes furent faites dans le bourg, à la même époque, l'une, d'ordre des autorités locales, pour la remise en état d'un puits, l'autre, en vue du recrépissement de l'Église. Le pope reçut l'argent, l'Église fut recrépie, le puits fut inauguré par une prière et la bénédiction de l'eau donnée par le pope.

Le phénomène de cumul de fonctions religieuses et des postes plus ou moins officiels s'observe dans la plupart des communes du « volost ». Dans six d'entre elles, le conseil de fabrique est composé, pour moitié, d'ouvriers métallurgistes. Un membre du parti déclare à l'enquêteur officiel que près de la moitié des ouvriers participe, plus ou moins directement, à son activité. Dans les 10 circonscriptions de « l'Ouiezd », près de 15.000 Roubles ont été recueillis pour le recrépissement et la remise en état des églises. Dans un des villages, l'instituteur, membre du parti communiste, vit avec son père, pope du même village. Nul ne s'en montre indigné ni surpris. Dans un autre, l'institutrice est femme du pope en même temps que membre du Syndicat et, contrairement à la loi soviétique, elle continue de jouir des droits électoraux.

Dans la région du Don, on constate l'existence de maintes sectes d'allure protestante, que les journaux soviétiques prétendent suscitées par « l'or anglais » : baptistes, adventistes, évangélistes etc... Elles ont leurs « Maisons de prières » et se livrent dans la rue à des manifestations religieuses. S'associant aux groupes orthodoxes, elles feraient ouvertement la guerre aux Komsomol, voire aux écoles soviétiques.

Dans le cercle d'Artémovitch qui compte 760.000 habitants, 118.000 sont officiellement inscrits aux diverses organisations religieuses. Dans les usines, une lutte se poursuit menée par les « sans Dieu » contre les diverses confessions ; mais lutte sans âpreté, sans grand élan et marquée de médiocres succès.

Les soviets ruraux.

Les témoignages abondent d'indifférence paysanne au regard des institutions politiques soviétiques, et de maintien d'antiques traditions.

Dans maints villages, éloignés des grandes villes, les institutions administratives soviétiques (Selosoviet, conseil municipal) ne subsistent qu'en apparence et de nom. Toutes leurs fonctions sont, en fait, remplies par l'assemblée des représentants des Dvors (Schod). Séculaire institution qui poursuit imperturbablement son cours et, après disparition du propriétaire noble et du fonctionnaire du pouvoir central, régit désormais en souveraine le village russe.

Les autorités soviétiques y voient, avec inquiétude, la marque de l'isolement des groupes ruraux se désintéressant de la chose publique et des transformations politiques. Ils constatent que le maître (xosiain) du village c'est désormais le « Schod », indifférent aux doctrines sociales en vigueur, peu accessible aux transformations et améliorations techniques, où le Koulak, qui n'en saurait être exclu, peut exercer une influence souvent prépondérante, et non le « Soviet » incorporé dans la hiérarchie gouvernementale.

Pour remédier au mal, des palliatifs sont mis en œuvre. Sanctionnant l'autorité du « Schod », on lui superpose le Soviet qui devra, pour leur validité, approuver toutes ses décisions. Mais on n'ose pas aller jusqu'à priver le « Schod » de son attribution essentielle. Il demeure seul compétent pour voter et recueillir les contributions volontaires, qui constituent le plus clair des ressources de la plupart des communes rurales. En même temps, on s'efforce de confier au Soviet le rôle de juridiction de première instance pour tous conflits de voisinages ruraux (chemins communs ; plantations de terres ; empiétements, etc...). Remèdes d'une aussi médiocre efficacité que le rappel incessant des droits de contrôle politique que la loi confère aux électeurs mais dont ils persistent à ne vouloir pas user. Tels le droit de siéger aux « sections », commissions mixtes de conseillers municipaux et d'électeurs ; de provoquer des comptes rendus trimestriels de mandats ; de priver, en cours d'exercice, des élus de leurs mandats.

En fait, toute l'activité du Soviet se résume en un homme : Président ou Commissaire ; simple paysan, souvent paysanne, qui se voit attribuer un traitement infime. Il part aux champs avec le cachet de la mairie dans sa poche. C'est là qu'il le faut chercher et qu'il donne ses « signatures ». Quant au secrétaire, également prévu, il fait presque toujours défaut. Cette indifférence se justifie par la médiocrité de l'étendue de certaines communes rurales qui ne groupent que 50 à 60 Dvors et par l'absence à peu près générale de toutes ressources autres que les « contributions volontaires » (Samooblogenie). Une œuvre d'intérêt public s'impose-t-elle ? M. le Maire ou Mme la Mairesse parcourt, du matin au soir, les Izbas du village, quête des contributions et en délivre quittance.

A négliger l'apathie paysanne, une circonstance suffirait à expliquer la situation : l'absence de budget de la presque totalité des communes rurales. Au 1er octobre 1927, en grande Russie 3.340 communes rurales sur 55.860 disposaient d'un budget ; en Ukraine 620 sur 10.700; en Russie blanche 13 sur 1.713. Faute d'argent, que peuvent faire les conseils municipaux des communes rurales ? Ils ne sont plus que les agents d'exécution des décisions des autorités supérieures. Médiocres moyens d'éveiller les sympathies et de grouper les activités paysannes qui ont tendance à se reporter vers les formes traditionnelles de groupement.

Il est vrai de dire que, dans ces deux dernières années, quelques communes rurales, pourvues d'un budget par décision administrative, ont préféré ne pas se prévaloir de leurs droits et les ont laissé tomber en quenouille. Faut-il s'en étonner ? Ce n'est pas tout de faire don d'un budget, encore y faut-il mettre des sources de revenus. Elles sont maigres. Quelques reversements sur l'impôt rural ; les contributions volontaires dont, en dépit d'une loi récente d'application difficile, les communautés rurales ne se dessaisiront pas aisément au bénéfice des « Soviets »; le loyer des biens de la commune qui n'en possède à l'ordinaire que dans la mesure où

les autorités supérieures consentent à lui en transférer.

Une autre institution soviétique est négligée par
la campagne : la Caisse d'Épargne. Il n'est pas douteux que, au cours de ces dernières années, le paysan
russe se soit enrichi, notamment par les travaux
saisonniers à la ville et par la vente à haut prix des
cultures industrielles. Cependant, de tout l'argent
confié aux Caisses d'Épargnes, les dépôts de l'énorme
masse rurale ne représentent que 3,5 p. 100.

L'échec de l'exploitation collective.

Enfin, en dépit des statistiques et des efforts gouvernementaux, les exploitations collectives rurales
(Kolchoz) demeurent négligeables et stationnaires.
La plupart d'entre celles qui survivent n'en ont à
l'ordinaire que la forme extérieure et le nom.

Voici, parmi bien d'autres, un échantillon de
Kolchoz. C'est la « Commune » dénommée « Vic-
toire » du Volost de Leninski. De janvier 1919 à
janvier 1928, elle a vu passer 400 personnes ; il
n'en demeure, en août 1928, que 23 dont 14 aptes
au travail. C'est le refuge des errants qui viennent
se faire nourrir en hiver et repartent se louer en
été. De l'argent et du matériel reçu il ne demeure
presque rien, sinon une dette de 12.000 Roubles.
Une demande de subsides nouveaux de 40.000 R.
n'a été rejetée que sur les vives protestations de la
banque agricole.

En Sibérie, les documents officiels révèlent 1.970 Kolchoz complets et 7.000 Kolchoz simples. Ces derniers sont de simples groupements coopératifs pour l'achat et l'usage d'un instrument rural ou l'achat et la vente d'engrais et de produits agricoles. Quant aux autres, qui comptent une forte minorité de koulaks et une majorité de « Seredniaks », voici, d'après d'autres témoignages également officiels, à quoi ils se réduisent. Dans le cercle de Woronesch, un groupement de paysans décide d'exploiter collectivement 187 hectares et de les semer, d'un seu tenant, en betteraves. Deux tracteurs sont loués. Mais des difficultés ne tardent pas à surgir entre associés tant et si bien qu'il est décidé de semer en millet, au compte commun, 30 hectares, et de répartir le solde, en vue de culture individuelle, entre les membres de l'association. Dans le cercle d'Armawir, 105 hectares sont, en 1924, attribués à un groupe ouvrier comme devant fournir le modèle d'exploitation rurale socialiste. Ces 105 hectares sont actuellement répartis entre 85 parcelles individuelles. Dans le même cercle un groupe, en vue d'une « exploitation collective », se fait attribuer des crédits et 80 hectares dont un seul a reçu pareille destination.

D'après un enquêteur des Izviestia, dans cette même région, la presque totalité des exploitations collectives sont des « Kolchoz mythes ». Nombre d'entre eux ne se sont constitués, que pour bénéficier des crédits et encouragements gouvernementaux.

En 1928, le Soviet du « gouvernement de Moscou » reconnaît qu'au regard des sacrifices consentis à leur bénéfice, « les résultats obtenus par les Kolchoz demeurent insignifiants ».

Partout l'échec est complet et avoué des efforts tentés pour amener le paysan à la pratique des exploitations collectives.

Les fermes d'État.

C'est alors que le gouvernement soviétique a imaginé de suppléer à la faillite des groupements de Dvors en exploitations collectives (Kolchoz) par le développement de vastes exploitations d'État (Sovchoz) ou usines à blé. « Tout pour le Sovchoz, « s'écrie un des commentateurs des résolutions du « Plenum de juin 1928 ; c'est l'*a, b, c,* de notre poli- « tique agraire ».

La solution est ingénieuse, à condition de l'appliquer avec méthode, d'en restreindre l'application à des cas particulièrement favorables et de ne pas se dissimuler les obstacles multiples auxquels elle se heurte.

Mais comme, à l'ordinaire, le gouvernement soviétique voit grand, sinon gigantesque, quinze « Sovchoz » doivent être constitués, dès 1928-29, sur 153.000 hectares, et doivent fournir au moins 100.000 tonnes. Dès l'origine, comme pour tarir par avance leur activité, on les englobe dans des orga- nisations administratives. Ils sont groupés en

Trusts et un organisme qui porte le nom de « Trust dn blé » (zernotrest) est chargé « de l'établissement « des plans d'organisation et de production, de la « fourniture de l'outillage et des moyens financiers ». Ces « Sovchoz » seront munis de tracteurs et, pour les conduire, des cours spéciaux seront organisés, notamment parmi les démobilisés de l'armée rouge.

Mais, dans le même numéro des « Izviestia » où ces plans grandioses sont annoncés, un spécialiste des questions agricoles, Jaffé, fournit, sur la situation des « Sovchoz » déjà existant, des indications médiocrement optimistes. Les paysans de la région les observent d'un œil critique et peu sympathique. Ils se heurtent à l'extrême difficulté de trouver des ouvriers et qui consentent à travailler. « Les paysans « voisins ne viennent pas travailler, dit le président, « de l'un d'entre eux ; quant aux ouvriers que nous « recrutons ils font leur tâche sans zèle ; ils exigent « sans cesse, pour des travaux qu'ils prétendent « supplémentaires, un salaire supplémentaire ». L'enquêteur ne voit d'autre remède que d'introduire le salaire aux pièces. Sinon c'est une surveillance continue. « Tant que tu es sur place, ils « travaillent, t'éloignes tu, ils ne font plus rien. A « parler franc, c'est un scandale permanent. Ils « regardent le soleil, s'assoient ; leur fais-tu reproche « ils t'engueulent ». Les paysans voisins, sont défiants « hostiles à cette politique agraire qu'ils « taxent d'extrémiste ». On conçoit que la tendance, avant la crise présente fût à la liquidation plutôt qu'à l'extension des Sovchoz, tant les résultats obtenus avaient été médiocres, tant le personnel dirigeant s'était montré inférieur à sa tâche.

Il n'y a guère lieu d'en être surpris. La gestion gouvernementale administrative d'exploitation rurale exige des qualités plus rares, se heurte à des obstacles plus redoutables que l'application aux exploitations industrielles des mêmes procédés. Quant aux paysans, il n'est pas vraisemblable qu'ils soient plus zélés ou moins défiants et jaloux au regard de ce patron collectif, du « pomiechtchik État » qu'ils le furent au regard du propriétaire privé, noble ou ecclésiastique.

Si intéressante soit-elle, l'entreprise souffre, dès son origine, d'un lourd handicap. Il n'est pas vraisemblable qu'elle puisse de sitôt compenser le déficit de la production rurale.

L'autonomie paysanne.

Bref, libéré de la domination d'une aristocratie de terriens et de fonctionnaires, tous liens avec les autorités centrales très relachés, le paysan russe évolue dans le cadre de ses traditions et de ses institutions propres. Il demeure fidèle aux manifestations de la foi orthodoxe; il n'a pas encore acquis l'esprit et le maniement du « Selfgovernment »; il révèle de plus en plus les tendances et le goût de la propriété et de l'exploitation individuelles.

Sous sa double forme, politique et économique,

c'est une évolution relativement lente et qui ne saurait satisfaire le gouvernement soviétique, notamment en ce qui touche l'accroissement, essentiel pour ses desseins, de la productivité du sol.

Sans doute, déjà, des résultats ont été obtenus indéniables. Tels, dans la région de Moscou, la disparition progressive de la jachère ; le développement des pâturages, de la production du lait, de la culture des fruits ; l'accroissement des crédits à l'agriculture auxquels, en une année, le Soviet de Moscou a consacré 9 millions de Roubles ; la fourniture et l'emploi intensifié des engrais minéraux. La charrue moderne remplace de plus en plus l'antique houe. Tracteurs, semeuses, moissonneuses, rouleuses, semeuses, trieuses, herses ont fait leur apparition ou ont gagné du terrain.

Mais ces progrès offrent, aux yeux du régime, le double inconvénient : politique, de s'accomplir sous les auspices de la propriété individuelle, plus ou moins teintée d'esprit coopératif ; économique, de se poursuivre sur un rythme nécessairement lent qui rend improbable, pour ne pas dire chimérique, la réalisation de son ambitieux « plan industriel ».

CHAPITRE II

LA CRISE INDUSTRIELLE

Le plan des cinq ans.

Les succès industriels compensent-ils les déboires
ruraux ?

Le prodigieux effort déployé, hors de proportion
avec des ressources plus que jamais limitées, témoigne de l'importance capitale que le régime attribue
au développement de l'industrie. Les résultats obtenus ou prévisibles seront donc le garant de son
avenir et la justification de ses méthodes. Or, entre
l'effort produit, les espérances escomptées et les résultats, déjà des différences s'accusent. Leur constata-
tion, dans le sein du parti, décourage les tièdes,
exaspère les ardents.

Sans doute le Plan des cinq ans apparaît gigantesque. L'âme slave se plaît à ces constructions co-
lossales et sans bornes comme la vaste étendue de la
steppe russe. Et cependant, seule, l'exécution de ce
programme démesuré pourrait mettre le gouvernement soviétique en mesure de remplir ses promesses
et de satisfaire son ambition. N'a-t-il pas émis la

prétention d'élever à bref délai, sur des bases et avec des méthodes nouvelles, un édifice industriel grâce auquel la Russie soviétique se suffirait à elle-même et fournirait à l'Europe bourgeoise l'exemple à suivre ? A négliger même les préoccupations politiques et doctrinales, seule, elle fournirait à l'industrie soviétique les moyens de se mettre à l'alignement de l'industrie capitaliste, au double point de vue de l'approvisionnement du marché et de l'absorption de la main d'œuvre.

Pour ce faire, en cinq ans (de 1927-28 à 1931-32), les investissements en capital (constructions et outillage) doivent atteindre 12 milliards de Roubles; le rendement de l'industrie doit croître de 133 p. 100, la productivité de l'ouvrier de 75 p. 100 ; la valeur nette des salaires de 40 p. 100, cependant que les frais de production doivent être réduits de 26 p. 100. Ces proportions donnent l'échelle du travail à accomplir et de l'abîme à combler.

Or, pour réussir cette entreprise malaisée, la Russie soviétique paraissait en droit de se prévaloir d'un double avantage. Ses achats étrangers, facilités par le crédit gouvernemental d'une Allemagne jouant la carte russe, au moins sur le terrain économique, n'assuraient-ils pas à bref délai à ses usines régénérées l'outillage le plus récent et le plus parfait ? Le régime collectiviste, substituant à l'anarchie des efforts dispersés l'unité de commandement d'une direction unique, ne favorisait-il pas la mise en œuvre d'un plan d'ensemble où chaque industrie et chaque usine venait prendre sa place et jouer son rôle ? N'était-il pas la condition nécesssaire de l'idéal de rationalisation poursuivi par toutes les économies bourgeoises ?

Or, sur le double terrain de la mise en œuvre de l'outillage importé et d'un plan de rationalisation, trop d'échecs sont de toutes parts signalés pour qu'on les puisse tenir pour exceptions ou erreurs passagères.

Les deux avantages de la perfection de l'outillage et de l'unité de direction se sont trouvés neutralisés par maintes causes dont les plus essentielles apparaissent : l'insuffisance en nombre et en qualité des techniciens ; la médiocrité de la discipline et de la capacité ouvrières ; les abus du formalisme, de la centralisation et de la hiérarchisation bureaucratiques.

La carence des techniciens.

Il n'est pas une de ces causes qui ne soit reconnue, dénoncée par les dirigeants du gouvernement et du parti et par la presse soviétique. Leurs déclarations sont assez précises et éloquentes pour qu'on se puisse borner à quelques échantillons.

Dans un discours récent à l'Institut Sverdlof, le commissaire aux affaires économiques, Kouibichev, renouvelle la thèse classique que : « les cinq années « à venir doivent doubler et au delà le rendement de « la production industrielle. A l'issue de cette pé-

« riode, le visage de notre industrie sera entièrement
« transformé. Ces tâches, ajoute-t-il, ne pourront être
« exécutées si nous ne parvenons pas à renouveler,
« et à améliorer le cadre de notre personnel ingé-
« nieur-technicien. Il faut dire franchement que,
« faute sur ce point de résultats sérieux, nous ne
« parviendrons pas à réaliser le plan de développe-
« ment de notre Industrie. Par l'insuffisance de notre
« personnel d'ingénieurs et de techniciens nous nous
« heurtons chaque jour aux pires difficultés ».

Dans son rapport à l'Assemblée générale du parti
du 12 juin 1928, Molkov, résume la situation sans
fard : « Notre industrie offre actuellement les
« caractères suivants : nombre d'ingénieurs ex-
« ceptionnellement faible ; pourcentage encore
« plus faible de contremaîtres ; pourcentage anor-
« mal de tâches techniques confiées à des « pra-
« ticiens » (39 p. 100) ; faible recrutement du
« cadre des jeunes ingénieurs et insuffisance de
« leur préparation technique. Dans les établis-
« sements d'enseignements technique (Vtouzi),
« la préparation professionnelle laisse beaucoup à
« désirer ». « Le nombre des jeunes ingénieurs et
« techniciens sortis des établissements d'ensei-
« gnement technique supérieur se trouve, notam-
« ment dans certaines branches (industrie textile,
« constructions), en disproportion évidente avec
« les besoins de l'industrie ». Il ajoute, symptôme
grave, que : « au point de vue de leur éducation poli-
« tique, les nouveaux cadres sortis des établisse-

« ments techniques laissent singulièrement à désirer,
« en dépit du grand développement des organisa-
« tions d'étudiants ». Il reconnaît la nécessité
d'élever, de consolider la « base matérielle » de ces
établissements et la situation pécuniaire des ingénieurs qui en sortent.

En conséquence, la résolution de l'assemblée plé-
nière recommande : « d'améliorer dans toutes les
« entreprises, notamment dans les régions écartées,
« le statut du personnel des ingénieurs et des tech-
« niciens ». En même temps, elle insiste pour que le
champ de leurs connaissances techniques soit élargi
par appel à des spécialistes étrangers, par la traduc-
tion systématique des revues et ouvrages étrangers,
par la connaissance obligatoire pour les étudiants
d'au moins une langue étrangère.

Double témoignage de la supériorité des études
techniques des pays bourgeois et capitalistes et du
recul marqué de l'instruction et des connaissances
internationales de l'élite de la jeunesse communiste.

L'indiscipline ouvrière.

Mêmes déclarations concernant l'indiscipline
ouvrière.

Il faut, ici encore, se borner à quelques exemples
dont le nombre pourrait être aisément multiplié.

Le correspondant à Kharkov des « Izviestia »
écrit, le 10 août 1928, que : « la diminution de la

« productivité du travail et la chute de la disci-
« pline ouvrière ne s'observent plus seulement dans
« les industries charbonnières et métallurgique
« d'Ukraine ; elles se sont étendues à d'autres
« vastes entreprises tels que le Trust de construction
« de machines du sud et le Trust méridional de
« Roudmi ».

Le président du premier déclare que « dans ses
« usines, 70 à 80 p. 100 de la journée de travail sont
« seuls employés » ; que, « dans la première moitié de
« l'année 1928, le nombre des absences a atteint
« 11 p. 100 et 14 p. 100 durant le troisième tri-
« mestre ». Il se plaint de constater, dans toutes les
usines du Trust dispersées à travers la Russie du Sud,
« un abaissement notable de la discipline du travail ».
Le même correspondant ajoute : « Les syndicats de
« la région, non seulement ne prennent pas de me-
« sures pour accroître la discipline du travail, mais,
« dans quelques cas, appuient les exigences injus-
« tifiées de certains groupes d'ouvriers ». « Le per-
« sonnel d'ingénieurs et de techniciens, redoutant
« les conflits avec les ouvriers ne prend pas les initia-
« tives destinées à l'élévation de la discipline ou-
« vrière ». Il observe enfin que, consultés, les dirigeants élus des syndicats ne méconnaissent pas la
situation mais rejettent la faute sur la mauvaise
organisation des usines et de la production.

Ainsi se manifeste une certaine défiance ouvrière,
à la fois contre la direction technique et contre le
système général sous lequel vit l'industrie soviétique.

C'est également à Kharkov qu'un représentant du gouvernement ukranien atteste : « Les organisa- « tions professionnelles n'attachent pas assez d'im- « portance au maintien dans les usines de la disci- « pline du travail. Ces groupements économiques et « syndicaux doivent se convaincre de la menace que « constitue pour eux la chute de la discipline du « travail et l'élévation correspondante du coût de la « production. Dans toutes les réunions d'ouvriers, « il est nécessaire d'exposer nettement ces questions»

Interviewé, Krioukov, Président du « Mosstroi » de Moscou, qui construit exclusivement des maisons ouvrières, se plaint de : « l'insuffisance des ouvriers « qualifiés, de l'insuffisance d'intérêt des ouvriers « dans leur travail, de l'insuffisance de la discipline « et de la productivité de ce travail ».

L'alcoolisme.

De cette indiscipline et de cette faible productivité la cause profonde paraît due, pour une moindre part, aux vices de l'éducation ouvrière et de l'installation des usines qu'au cancer de l'ivrognerie qui ronge à nouveau la race russe.

La consommation de la seule vodka est passé de :

       10 millions de litres en 1923-24,
   à 387   —   en 1926-27,
   à 492   —   en 1927-28.

Dans ces chiffres ne figure pas l'alcool de bouilleur de cru (Samogon) qui se dérobe à toute statistique précise mais atteint, à n'en pas douter, plusieurs millions de litres. C'est ainsi qu'une enquête à laquelle il a été procédé en Ukraine sur un groupe de 11.000 Dvors a établi que 9.000 fabriquaient de l'alcool.

Divers coups de sonde ont révélé que, dans certaines régions, seuls 10 p. 100 des enfants n'étaient pas accoutumés à boire de l'alcool, que, dans certaines écoles, 34 .p 100 des enfants,représentant plusieurs milliers, offraient des traces d'alcoolisme

' Partout les mêmes témoignages affluent. Dans « l'Ouiezd » de Volsk du gouvernement de Saratof, la consommation de Vodka par tête d'habitant atteignit, en 1927, 8 litres et 1.667 tonnes de blé furent distillées. Dans le cercle de Nikolaievsk (en Ukraine), les sommes dépensées pour la vodka ont passé, en mars 1928, d'un bond, de 2.200.000 à 3.300.000 Roubles. A Pâques ce même cercle boit 23.000 Roubles et la veille du 1er mai il absorbe : 16.000 Roubles d'alcool. Kinechina, centre de 17.000 habitants, boit par an une somme de 858.000 Roubles correspondant à la construction de 86 maisons ouvrières.

Les clubs organisés aux environs des usines pour le délassement et l'instruction des ouvriers sont trop souvent transformés en cabarets où « boivent pêlemêle, dit un témoin, hommes, femmes et enfants »·

Voici quelques descriptions reproduites dans la presse soviétique : « Le soir du 14 avril (Pâques) le « club n'est que bruit, poussière, foule et ivresse. « Toutes les tables sont couvertes de bière ; partout

« des bouteilles vides. Le jour suivant, c'est pire.
« Le club professionnel est ouvert depuis l'aube et
« transformé en beuverie. De nouveau de la bière
« jusqu'à l'inconscience, et aux scènes scandaleuses.
« La police doit intervenir ». Même spectacle
d'ivrognerie à Tiflis, et à Kalouga aux clubs ouvriers
de l'usine chimique et des chemins de fer.

Loin de tenter de le combattre, les coopératives se
prêtent à la diffusion du mal : « Beaucoup d'entre
« elles prétendent, dit un observateur, que dès lors
« qu'il existe en Russie un monopole de l'alcool, les
« coopératives doivent obligatoirement comprendre
« l'alcool parmi leurs marchandises ». C'est ainsi que
les coopératives d'un « rayon » reçurent un beau jour
une circulaire leur rappelant : « Votre devoir est de
« pousser à la consommation de l'alcool dans les
« villages ». Dans l'un de ces villages, la section
d'alcool de la coopérative fut ouverte, en dépit des
protestations de l'assemblée des Dvors. La question
s'étant posée, dans un autre village, à l'assemblée
des sociétaires de la coopérative, le Président défen-
dit si vigoureusement son projet de lui annexer la
vente du vin et de l'alcool que la majorité l'approuva.
Il semblait, à l'entendre, « que vin et alcool fussent
« aussi indispensables à la coopérative et à la paysan-
« nerie que l'air l'est à l'homme ».

Effrayées des progrès du mal, les autorités ont
décidé d'engager la lutte. En conséquence, le
commissariat du Travail a décrété l'interdiction
de la vente des boissons alcooliques, les jours de

paie, dans toutes les boutiques situées au voisinage direct des usines. Mais la répression ne fait
que commencer et le mal est profondément ancré.
C'est au reste un de ceux qui, depuis longtemps
préoccupe le plus vivement les dirigeants du monde
ouvrier. J'ai souvenir qu'un Président ouvrier
d'une usine importante de Moscou qui, inter-
rogé par moi en 1926, répondait volontiers à
toutes les questions posées, se déroba avec embarras
et mauvaise humeur quand je m'engageai sur le
terrain de l'ivrognerie [1].

La bureaucratie industrielle.

A la carence ou à l'insuffisance de la direction
technique, au médiocre rendement du travail ouvrier,
et, pour en agraver les effets, les maux viennent
s'adjoindre du formalisme et de la bureaucratie.

Aucun Trust, dans chaque Trust, aucune usine
ne peut librement, directement, par ses seuls moyens,
ni passer à l'étranger ou en recevoir des commandes
de machines ou de matières premières, ni établir et
exécuter les plans d'installations nouvelles, de transformation et rajeunissement d'outillage.

Aux termes d'un décret récent du 28 mai 1928,
codifiant la pratique ancienne, chaque Trust, ceux

1. Par ailleurs, au projet de budget de 1927-1928, les revenus
du monopole de l'alcool représentent 590 millions sur un total
de 1.300 millions d'accises et de 2.547 millions de ressources
globales d'impôts.

là même dits d'intérêt local qui se limitent parfois à un établissement unique, ne peut exercer son activité que dans les limites du programme et du crédit qui lui sont alloués en haut lieu. Or ces indications essentielles lui sont transmises par la filière suivante :

Des « crédits ou chiffres de contrôle » sont répartis entre les industries d'intérêt local des Cercles et des Républiques autonomes composant la République de grande Russie par le Conseil Suprême de l'économie nationale, agissant d'accord avec le Commissariat de l'Inspection ouvrière et paysanne et la Commission du Plan d'État (Gosplan). Ensuite, les organes économiques de ces groupements locaux procèdent à une répartition parmi les circonscriptions qui leur sont subordonnées, qui, à leur tour, affectent les sommes qui leur sont allouées aux divers Trusts situés dans leurs zônes et dont elles assurent la gestion.

Les Trusts enfin établissent, dans les limites des crédits alloués, leur plan de travail pour l'année en cours et le soumettent à l'approbation de l'organe économique de la circonscription territoriale dont ils dépendent et qui est, tantôt le Conseil exécutif (Ispolkom) d'un cercle ou d'un gouvernement, tantôt le Conseil des Commissaires (Sovnarkom) d'une République. Ce dernier les approuve en y apportant, s'il y a lieu, notamment pour les maintenir dans les limites des crédits alloués, les « correctifs nécessaires ».

Ces mêmes organes apprécient si, à raison des

perturbations survenues dans le marché, il y a lieu de faire subir aux chiffres communiqués par l'autorité économique suprême des modifications qui ne sauraient dépasser, suivant la nature des travaux, 5 ou 10 p. 100. Toute transformation impliquant une modification supérieure doit être à nouveau transmise, pour confirmation, à l'autorité supérieure économique.

Le décret du 28 mai 1928 qui a consolidé ce bel échafaudage spécifie, à maintes reprises, que chaque Trust doit recevoir en temps utile, afin d'établir son plan d'action pour l'année d'opération, les « chiffres de contrôle ». Mais il est aisé d'imaginer quels retards et lenteurs implique une pareille superposition d'autorités mi-économiques et mi-politiques.

Exceptons quelques industries privilégiées, telle l'industrie du naphte, qui a bénéficié, dès l'origine, d'un groupement et d'une autonomie aussi exceptionnels que la valeur de son cadre dirigeant. En règle générale, comment, faute de compétence technique et de discipline ouvrière l'outillage étranger pourrait-il être utilisé à plein ? Comment l'œuvre de rationalisation pourrait-elle triompher de la multiplicité des organes et de la superposition des instances économiques ?

L'action conjuguée de ces trois causes de faiblesse, ne peut pas ne pas provoquer malfaçons et mécomptes. Les témoignages en abondent dans la presse soviétique. Il convient de les grouper et d'en dégager la leçon.

L'emploi de l'outillage étranger.

L'importation de l'outillage étranger était doublement nécessaire pour permettre d'intensifier la production et de remplacer l'outillage ancien dont,
en 1928, d'après les indications officielles, l'usure
était, en moyenne, de 30 p. 100 et atteignait souvent
75 p. 100.

Or il est advenu et reconnu que, entre la capacité
de production de l'outillage importé au lieu de sa
fabrication et son rendement au lieu de son affectation, la différence est sensible et se traduit par la
perte de plusieurs millions de Roubles de matériel,
tantôt sans emploi, tantôt imparfaitement employé.
Les exemples officiellement rapportés se multiplient
de machines : soit, dont, à leur arrivée, les fondations, les travaux d'installation indispensables
étaient à peine ébauchés ; soit correspondant à un
outillage préexistant sensiblement plus puissant que
celui dont dispose en fait l'usine réceptionnaire ;
soit destinées à outiller une usine ou un atelier
pour la construction desquels des crédits n'ont pas
encore été consentis ; soit dépourvues d'éléments, de
pièces nécessaires et qui devront faire l'objet de
commandes nouvelles à l'étranger.

Et comme, à l'ordinaire, l'usine intéressée ne dispose pas de bâtiments suffisants pour abriter le
matériel inutilisable, il demeure exposé à toutes les
intempéries.

A la réunion de juin 1928, à Kharkof, des représentants de la métallurgie du Sud, des plaintes unanimes se firent entendre des représentants ouvriers, techniciens et dirigeants, sur la politique suivie à l'égard du matériel importé. Sur les 28 millions de Roubles commandés, le Trust « Yougostal », n'en avait encore reçu que 8.600.000 et n'avait réussi à en monter que 1.600.000. Il y fut déclaré que les usines reçoivent couramment, et parfois en majorité, de l'outillage, ou qu'elles n'ont point demandé, ou qui, faute d'un élément nécessaire ou d'instructions appropriées, demeure inutilisable.

De ces coûteuses erreurs, l'une des causes essentielles est la concentration obligatoire des commandes entre les mains d'un organisme unique. Il groupe les demandes, procède, seul, aux négociations et commandes correspondantes avec les firmes étrangères, et, après exécution, les répartit entre les usines soviétiques, auxquelles elles parviennent trop souvent privées des dessins et explications indispensables à leur fonctionnement. D'où un échange ininterrompu de correspondance et de réclamations, non entre l'usine productrice et l'usine consommatrice, mais entre cette dernière et l'organe administratif obligatoirement interposé.

Par là s'expliquent les défauts fréquents de concordance entre les commandes et, soit les crédits d'outillage, soit les crédits de construction d'usines dont les fondations ne sont pas achevées quand les machines étrangères arrivent à pied d'œuvre.

Par contraste avec cette centralisation absurde et néfaste, on assiste dans le pays à une prodigieuse dispersion d'efforts, à une absence complète de vues d'ensemble. Chacun des organismes politiques ou administratifs entre lesquels se répartit la Russie nouvelle est, en même temps, une unité de gestion et de contrôle économique. Il n'en est pas qui ne possède ou n'aspire à posséder, à diriger une usine qu'il lui faut améliorer, agrandir ou entièrement édifier. Pour se conformer au rythme du Plan industriel, les « comptoirs de construction » ont fourmillé. Il n'est pas de si mince organisme qui n'ait voulu avoir le sien. Un seul « gouvernement » en compte soixante dix qu'un technicien atteste pouvoir être réduits à quatre. Une seule usine de produits chimiques en possède trois distincts. On estime qu'il y aura bientôt plus de comptoirs de construction que d'unités à construire. D'où coûteuse concurrence pour les commandes de matériaux et les embauchages d'ouvriers. La plupart sont dépourvus de tradition, de compétences, de cadres techniques. Comme, par ailleurs, toutes les usines nouvelles, depuis les fabriques de chaussures jusqu'aux centrales électriques que comporte le « Plan des cinq ans », sont prises en charge par des organes d'État, du plus grand, République fédérée, au plus petit, commune urbaine, c'est à eux qu'incombent, suivant des règles et des hiérarchies variables, l'établissement des projets, leur approbation, le vote des crédits correspondants, leur exécution et leur contrôle. Il advient que, par suite de conflits d'instances superposées, on ne sait ni si, ni quand les plans seront approuvés, ni quels crédits seront consentis, ni quand ils seront touchés. Il en résulte ce qu'un observateur soviétique n'hésite pas à qualifier de « véritables chaos », saisissant témoignage d'une dispersion d'efforts, négation pratique des avantages théoriques de l'unité de plan d'un régime collectiviste.

Dès lors les cas vont se répétant, avec les protestations qu'ils provoquent, des dépassements de crédits, des malfaçons et des insuffisances dans la construction des usines.

C'est ainsi que les frais de construction d'une certaine usine textile ont dépassé les prévisions de 100 et 140 p. 100; qu'une certaine fabrique de conserves qui a coûté 400.000 Roubles, est inutilisable du fait d'erreurs de conception grossières.

Ouvertement proclamées, les malfaçons constituent un scandale permanent. Tel le cas d'une vaste usine de silicate, dont le prix de construction s'éleva des 240.000 Roubles prévus à 600.000, dont la production annuelle évaluée à 8 millions s'est, par contre, réduite à 3 ; où le prix de revient de mille tuiles de silicate prévu à 26 Roubles atteint 55 à 60, cependant que le prix du marché est de 35 à 40; encore faut-il ajouter que la qualité de ces tuiles est si médiocre que l'écoulement en est particulièrement difficile. Même histoire pour une fabrique de ouate et pour une cokerie. La ville de Saratof comptait déjà une cokerie qui suffisait d'autant mieux à la consommation que, faute de matières premières, elle ne travaillait pas à plein rendement. La construction d'une autre n'en fut pas moins décidée qui devait coûter 89.000 Roubles, qui en coûte 342.000 et qui est, d'après le correspondant des *Izviestia,* « complètement inutile ».

C'est que à l'outillage nécessaire mais inutilisable vient s'adjoindre l'outillage superflu correspondant moins à un besoin urgent et réel qu'à la vision ambitieuse de quelque organisme local.

Un observateur du bassin charbonnier du Kousnetz en Sibérie rend compte que se poursuit, non sans lenteurs coûteuses, la construction à Kemierov d'une batterie nouvelle de fours à coke et d'un ensemble complexe d'ateliers destinés à constituer une usine chimique. En même temps, il constate, pour la première usine, d'une part, que la cokerie est édifiée de telle sorte qu'elle se trouve séparée de la mine par le fleuve et qu'il faut l'y joindre par un câble aérien coûteux ; d'autre part, que le charbon des gisements de Kemierov est, au regard de gisements situés en d'autres régions sibériennes, médiocrement cokéfiable ; pour la seconde usine, qu'elle vient doubler une entreprise identique située dans la même localité et dont, présentement, les ateliers ne fournissent que la moitié de leur capacité de travail.

Trop souvent, enfin, l'outillage importé se révèle inefficace, parce qu'il est mis entre les mains de groupements inaptes à en tirer parti.

Il avait été décidé, pour remédier à l'effroyable crise de logements dont souffrent les grandes villes, d'appliquer à la construction des immeubles l'outillage le plus perfectionné. Or de ce matériel confié aux « comptoirs » de construction, une fraction seule reçoit une affectation imparfaite. Une autre fraction demeure inemployée, faute des connaissances et du personnel techniques requis. Une dernière part enfin, commandée à l'étranger par des commissions incompétentes et, le plus souvent, sur catalogues, s'est, à l'usage, révélée inutilisable. Ainsi est-il advenu au « Mosstroï », le plus important comptoir de construction moscovite, de 2 excavateurs, de 20 moteurs, et de divers autres instruments représentant une valeur de 39.000 Roubles. « Les mêmes fautes, conclut « l'observateur à qui nous empruntons ces faits, se « sont répétées dans nombre d'organisations. »

La rationalisation.

De ces constatations les conséquences découlent, inévitables et ouvertement proclamées.

A une réunion récente de directeurs de Trusts, le membre du parti Kraval déclare que le résultat obtenu à ce jour, dans nombre de branches industrielles, n'était que « la caricature d'une organisa- « tion technique rationnelle » et que, trop souvent, il aboutissait moins à la réduction qu'à l'élévation des frais de production.

Lors de l'Assemblée générale du parti, le camarade

Kazanovitch rapporte les déclarations d'un expert allemand le professeur Schlesinger. Il s'agit de l'usine métallurgique Amo à qui, au cours de l'année, 2 millions et demi de Roubles de capitaux frais ont été consacrés et qu'on peut tenir pour « pratique « ment neuve ». Qu'en dit l'expert ? : « La produc- « tion est en contradiction flagrante avec le matériel « et le nombre d'ouvriers employés. 300 tonnes « fabriquées, 1.350 ouvriers, 2.639.683 heures de « travail par an, 316 employés, le rapprochement de « tels chiffres ne peut que laisser supposer l'exis- « tence de conditions anormales entravant la pro- « duction. Une telle usine, vous ne pouvez la mon- « trer qu'à moi en qui vous avez confiance. Chez « nous, en Allemagne, où nous travaillons plus len- « tement qu'en Amérique, la fabrication des ma- « chines exige au maximum huit semaines depuis « la première arrivée à l'usine des matières premières « jusqu'à la mise sur roues de la machine entière- « rement achevée. A vous, il faut 300 jours, près « d'une année ».

Dans la même usine, d'après le même rapporteur, le nombre des heures de travail inemployées atteignit, en 1927, 93.230, pour les causes sui- vantes : absence de matériaux (45.977) ; absence d'instruments (7.763) ; remise en état et retards (29.374) ; insuffisance d'énergie (8.940) ; causes di- verses (1.276). Après avoir cité d'autres exemples, il conclut que : « les nombreux défauts constatés « dans la pratique de la rationalisation sont le résul-

« tat de la domination dans la direction de l'indus-
« trie des éléments statistiques et économiques, et
« l'absence d'une direction de l'industrie confiée à
« de véritables techniciens et organisateurs ».

A une grande conférence industrielle tenue en juin 1928 à Kharkof capitale de l'Ukraine et à laquelle prennent part 200 délégués dont 70 p. 100, d'ouvriers de la métallurgie ukrainienne, le Président du Trust « Yougostal » (aciéries du Sud), Birman exprime les plaintes les plus vives. Il fait connaître que les administrations centrales chargées de contrôler et d'approuver les installations nouvelles, tout en exigeant que des projets leur fussent fournis en hâte, ne faisaient, à l'ordinaire connaître leur approbation que tardivement, bien après le début de la période de construction. Résultats : les travaux commencés sont arrêtés par crainte du refus des crédits correspondants ; d'autres travaux urgents, mais en vue desquels on avait attendu l'approbation supérieure, doivent être exécutés en une courte période, partant à des prix plus élevés. Le mauvais et trop rapide établissement des plans provoque des augmentations de dépenses sensibles, faisant passer les prévisions afférentes aux usines de Kertch et Marioupol, de 18 et 16 à 50 et 25 millions de Roubles.

Il se peut qu'un esprit de pessimisme et d'exagération imprégne des constatations et déclarations impressionnantes par leur nombre et par la diversité des régions d'où elles proviennent. Elles ne doivent ni masquer, ni laisser omettre la persistance du phénomène d'une industrie qui poursuit son existence et, dans certaines branches, étend son domaine en dépit de tout apport de capitaux privés et des multiples causes de faiblesse dont nous avons mentionné les principales.

De tels témoignages n'en révèlent pas moins une situation industrielle inquiétante en un pays pauvre et surpeuplé dont l'industrie, vouée au développement ininterrompu, n'a d'autre débouché que le marché intérieur. Ils expliquent comment la diminution des frais de production industrielle est encore fort éloignée de correspondre à l'énormité de l'effort d'investissement en capital.

D'après les statistiques officielles du Plan d'État, ces frais, en 1926-27, se sont réduits de 1,8 p. 100, quantité inappréciable, au lieu des 5 p. 100 prévus. La situation est légèrement plus favorable, dans la première moitié de l'année d'exploitation 27-28, où cette réduction aurait atteint 4,75 pour la Grande Russie et 5,26 pour l'Ukraine. Encore le « Gosplan » croit-il devoir ajouter que ces moyennes correspondent, dans quelques branches industrielles, à une augmentation sensible des frais de production, et qu'une large part de cette réduction si insuffisante est due plutôt à un ensemble de circonstances économiques, telles que l'abaissement du prix de certaines matières premières, qu'aux progrès provoqués par l'acquisition et l'emploi d'outillage nouveau.

Or, sans abaissement des prix de vente, pas de

développement de la consommation ; sans extension du nombre des acheteurs, pas d'intensification de la production agricole ni d'accroissement de la quantité des denrées portées au marché.

L'industrie et le budget.

Quant aux bénéfices des industries soviétiques, ils ne sont pas tels, il s'en faut, qu'ils lui puissent fournir les énormes investissements de capitaux qu'elle requiert et absorbe. C'est encore et toujours le budget qui y doit faire face. Son effort et son essouflement vont croissant. Les dépenses destinées à l'équipement économique de la Confédération s'élèvent d'année en année.

Le projet de budget 1928-1929 comporte une dépense globale de 7 milliards de roubles en augmentation, sur l'année précédente, de 14 p. 100 dont l'impôt, principalement indirect, fait seul les frais. Le « Gosplan » ne le méconnaît pas. « Le développe- « ment normal des ressources et l'augmentation du « tarif de certains impôts directs et indirects nous « fournit 800 millions de ressources nouvelles ».

La crise de l'année 1928 se traduit dans les chiffres du projet. La mise en état de l'industrie, qui se doit poursuivre avec une énergie redoublée, exigera un minimum de deux milliards de roubles (dont 700 pour les transports). Le développement de l'exportation du blé et des autres produits agricoles réclamera des « moyens financiers importants » :

100 millions de roubles destinés à favoriser l'exportation, des avances faites aux fournisseurs de blé
(politique de contrats passés avec le paysan) et des
primes aux cultures techniques. L'outillage des
établissements d'enseignement supérieur ; leur meilleure accomodation ; leur extension ; l'amélioration
de la situation matérielle des étudiants prolétaires
comportent également l'affectation de « ressources
importantes ».

Enfin, le projet révèle l'inquiétude que continue de
causer aux pouvoirs publics le nombre sans cesse
croissant des sans-travail : « Le budget de 1928-29
« est placé devant la tâche nouvelle et excep-
« tionnellement importante d'organiser notre pro-
« duction de façon à réduire au minimum la quan-
« tité des forces ouvrières dont elle ne peut faire
« emploi. Dès lors que la cause profonde de
« notre chômage réside dans l'insuffisance des
« capitaux et l'insuffisant développement de la pro-
« duction, il nous faut placer au premier rang de
« notre lutte contre le chômage l'accroissement des
« capitaux du pays et l'extension de la production,
« spécialement de celle qui se révèle apte à absorber
« la plus grande quantité de main d'œuvre ». « Nous
« n'accomplirons cette tâche qu'au moyen d'inves-
« tissements dans l'industrie et de développement
« de la production industrielle ».

Par contraste avec son ennemie la Grande-Bretagne, qui possède une puissante industrie, des spécialistes compétents et nombreux, mais souffre du

manque de débouchés, l'industrie russe dispose d'un vaste marché sans les moyens suffisants pour en satis faire les besoins. Sa tâche est d'autant plus rude que le pays est plus pauvre en capitaux, comme en témoignent les statistiques officielles, d'où il résulte qu'à une fortune par tête, évaluée en roubles or, de 3.201 en Grande-Bretagne, 2.280 en France et 1.752 en Allemagne correspondrait, en Russie, le chiffre misérable de 50 roubles or.

La stagnation inévitable des ressources nationales et la pauvreté du pays font contraste avec cette ascension ininterrompue du budget. La différence est comblée par une augmentation des accises, impôts frappant directement les marchandises et atteignant désormais 1.613 millions de roubles [1] et par deux emprunts nouveaux, dits d'industrie, de 700 millions représentant 10 p. 100 des ressources globales du budget.

1. La paysannerie acquitte l'impôt rural et la plus large part des accises qui, pour l'année 1927-28, étaient évaluées à 1.300 millions, tiers des dépenses budgétaires. Or, pour cette même année, ces dépenses comportaient la répartition suivante, en millions de roubles : défense (armée et marine) 800 ; investissements dans l'économie nationale(10 p. 100 à l'agriculture, 34 p. 100 à l'industrie ; 32 p. 100 aux transports). 1.499 ; autres dépenses 1.626. Les deux tiers du budget correspondent donc à l'entretien de l'armée et de l'industrie et la paysannerie en supporte le poids de beaucoup le plus lourd. D'où la nécessité de lui démontrer que la sécurité de sa main mise sur la terre continue d'être menacée et, tâche singulièrement plus malaisée, de la convaincre, par les faits, des avantages de ses placements forcés dans l'industrie. La collaboration budgétaire paysanne demeure, au moins autant que sa collaboration politique, la condition du maintien du régime sous sa forme présente.

L'emprunt industriel.

La Russie soviétique se voit contrainte de recourir, dans une proportion sans cesse croissante au procédé bourgeois de l'emprunt. Déjà, le budget de 1927-28 comptait 500 millions de recettes d'emprunt auxquelles correspondaient 248 millions de dépenses d'intérêt et d'amortissement.

Le décret du 18 juillet 1928, émettant le dernier emprunt de 500 millions, le destine expressément à la formation du capital industriel et agricole et l'inscrit à ce titre sur le « livre des dettes de la Confédération ».

Emprunt à lots, divisé en obligations de 25 Roubles, amortissable en dix ans, tous les « prospectus » insistent sur son caractère exclusivement volontaire. « La répétition sera évitée des méthodes de « placement obligatoire employées lors de l'emprunt « rural »; et une circulaire signée Rikof atteste que : « la pression administrative pour la répartition « de l'emprunt est catégoriquement interdite ».

Ce n'est pas que les circulaires dissimulent que, pour le prolétaire de la ville et des champs auquel on s'adresse de préférence, la souscription à l'emprunt constitue, devant la médiocrité de ses moyens, un acte qualifié d'héroïque. Pour l'y inciter. on justifie la nécessité de l'emprunt par un double et contradictoire motif. La raison fiancière, qui est de suppléer, en vue de l'exécution du Plan industriel, à l'insuffi-

sance de l'impôt. La raison monétaire, ainsi exprimée :
« Au moment où la fourniture de crédits à l'éco-
« nomie nationale par l'émission de nouveaux
« billets de banque, de Tchervonietz, approche de
« sa limite extrême, la concentration dans les
« caisses de l'État, au moyen de l'emprunt, de res-
« sources financières importantes, correspond aux
« exigences d'une saine politique monétaire ». C'est
montrer le bout de l'oreille. Mais, de deux choses
l'une : ou le produit de l'emprunt sera absorbé par
l'achat de l'outillage, la construction d'usines et
d'habitations ouvrières et le nombre des Tcherno-
vietz n'en subira nulle diminution, où il est destiné
à améliorer la circulation, à absorber et à détruire
des Tchervonietz et le Plan industriel n'en tirera
nul bénéfice.

Quoiqu'il en soit, dans un article de lancement,
les Izviestia attestent que cet « emprunt a une
« énorme signification économique et politique ».
Ils le qualifient : « de mobilisation des ressources de
« la population et leur investissement dans l'ou-
« tillage en capital de l'industrie et de l'agricuture ».
En même temps ils constatent : « avec regret que la
« campagne pour la popularisation de l'emprunt n'a
« pas encore atteint les milieux ruraux ».

Si la masse paysanne ne consent à souscrire, et
elle n'y saurait plus être contrainte, il est à craindre
que les villes ne suffisent pas à absorber l'emprunt.
En cas d'insuccès partiel le problème se posera,
urgent, au budget de 1929-30, des moyens néces-

saires à faire face au déficit budgétaire au regard des
exigences du Plan industriel. L'insuffisance du capital
national russe se révèlera dans toute son étendue.
Il y faudra suppléer par des recours extérieurs.

L'imitation des méthodes capitalistes.

Ainsi, au fur et à mesure qu'elle poursuit sa
tâche et reconnaît ses difficultés, l'industrie soviétique fait l'aveu de son impuissance à employer des
méthodes originales supérieures à celles que met
en œuvre l'industrie bourgeoise, à se passer de ses
techniciens, de ses exemples et, tôt ou tard, de ses
capitaux.

Consolider l'autorité du technicien ; accroître la
productivité ouvrière ; faire appel aux spécialistes étrangers, tel est désormais le triple mot
d'ordre.

Sur le premier point, les dirigeants reconnaissent
que l'œuvre de rationalisation se heurte, non seulement à la bureaucratie et au défaut de techniciens et
d'états-majors dirigeants, mais aussi, parfois, à la
défiance et à l'hostilité ouvrières.

L'écho s'en retrouve comme la volonté de les surmonter dans des déclarations récentes de « Kouibichev »: « Le personnel d'ingénieurs et de techni-
« ciens qui, dans les usines, se consacre à l'œuvre de
« rationalisation se heurte encore à une attitude
« méprisante et parfois nettement hostile. Dans
« nombre de cas, les travaux de rationalisation ont

« été classés parmi les dépenses superflues que,
« pour diminuer les frais de production, il importait
« de réduire. C'est en vérité tuer la poule aux œufs
« d'or. Les ouvriers de la science et de la technicité
« et le personnel d'ingénieurs et de techniciens qui
« travaillent à rationaliser notre production indus-
« trielle doivent être placés dans des conditions
« telles qu'elles leur facilitent au plus haut degré
« l'accomplissement de leur travail, et leur per-
« mettent le large développement des saines initia-
« tives et de la libre création. »

Il est également recommandé de développer le
système des primes accordées aux ingénieurs, techniciens, ouvriers isolés ou groupés pour les résultats
acquis dans l'œuvre de rationalisation.

En même temps, le Plenum du parti décide, en
juin 1928, et porte officiellement à la connaissance
du pays que les économies administratives et bureaucratiques préconisées ne sauraient en aucun cas,
dans les usines, s'accomplir au détriment du personnel technique, et que le nombre doit être accru
de ceux d'entre les jeunes ingénieurs qu'on dénomme
« jeunes spécialistes du cadre de commandement»
qui seront envoyés faire un stage à l'étranger.

La productivité ouvrière. Les sept et les douze heures.

Mais si bien recruté soit-il, de quelques pouvoirs
qu'il soit investi, un état-major technique sera

impuissant tant que la productivité ouvrière se maintiendra à un aussi bas niveau. C'est à l'élever qu'on va désormais s'attacher en introduisant dans l'usine soviétique le travail continu et le travail standardisé. Ce sont terrains où le régime ne peut s'avancer qu'avec prudence. Le double sacrifice exigé du prolétariat ouvrier devra être compensé ou masqué par un double avantage.

Au cours de l'année 1928, la journée de sept heures fut annoncée et partiellement introduite.

Lors d'une conférence organisée par le Commissariat du Travail, Kraval fit connaître les motifs de l'innovation. Il ne manque pas de placer au premier plan la supériorité que, en matière de protection ouvrière, elle donnera à la Russie sur les nations capitalistes. C'est l'argument de propagande. Il se fait encore moins défaut d'exprimer l'illusion traditionnelle que la réduction de la journée de travail en accroîtra le rendement.

Mais, aussitôt après, il formule les raisons profondes de la transformation projetée. « En créant « trois équipes, dit-il, nous parviendrons à une uti- « lisation ininterrompue de l'outillage, partant de « l'excédent de force ouvrière » ; la journée de sept heures permettra « d'incorporer dans la produc- « tion une appréciable proportion de sans-travail ». Bref, il s'agit essentiellement de faire accepter à l'ouvrier russe l'équipe de nuit, et d'absorber le plus possible des forces de travail en excédent que la campagne déverse sur la ville.

Dans quatre filatures d'un grand Trust d'État, la journée de sept heures a permis d'accroître le nombre des ouvriers de 7.000; dans une autre filature du gouvernement de Vladimir (comptant 4.000 ouvriers), de 700. Parallèlement, et presque insensiblement, ces usines passaient au régime des trois équipes auquel on n'osait pas précédemment avoir recours et qui permet une productivité accrue du double fait de l'augmentation du personnel et de l'utilisation plus intense de l'outillage.

Aussi bien les « controlni ziffri » afférents au projet de budget de 1928-29 ne dissimulent-ils pas le but poursuivi « Le problème du chômage a conduit le « parti et le gouvernement (l'un toujours précédant « l'autre) à l'introduction de la journée de sept « heures et, dans nombre d'industries, au système « des trois équipes. Ainsi seront-elles en mesure « d'utiliser à plein leur outillage et d'accroître leur « contingent de main d'œuvre ». Au surplus, la transformation n'est qu'ébauchée ; elle se poursuit par étapes prudentes. Au cours de l'année 1928-29, elle doit s'appliquer à 100.000 ouvriers textiles; d'une façon générale, à 10 p. 100 du personnel ouvrier des grandes industries.

Il s'en faut que la journée de 8 heures, ni même la journée de 11 et 12 heures aient disparu de Russie soviétique. Il est impossible de préciser quelle fraction de la masse ouvrière subit encore cette dernière. La persistance n'en est pas moins indéniable, au moins dans les régions écartées et dans les industries faisant appel, dans une large mesure, au travail saisonnier plus ou moins prolongé du paysan.

En voici un témoignage emprunté à un visiteur soviétique de mines situées dans l'Oural. Ses conversations avec les ouvriers lui révèlent que certains d'entre eux travaillent 12 à 14 heures par jour ; que des équipes entières d'ouvriers demeurent à la mine 10 à 12 heures. Il ne s'agit, dit-on, que de saisonniers désireux de rapporter chez eux le maximum de gain. Mais ces saisonniers constituent une bonne moitié des ouvriers.

Exemples exceptionnels, sans nul doute, qu'il serait injuste et téméraire de généraliser mais qui n'en témoignent pas moins que, parfois, en présence d'ouvriers de qualification particulièrement médiocre, le régime se voit contraint de compenser leur faible productivité par une élévation sensible de la journée de travail officielle.

La fixation du salaire a subi une transformation comparable à l'introduction de la journée de sept heures. C'est la « réforme tarifaire » accomplie dans nombre d'usines. Elle consiste à créer un fonds commun des salaires payés à l'ensemble des ouvriers, puis à en assurer la répartition de façon à élever le salaire des ouvriers mal payés au détriment des ouvriers mieux payés. C'est la concession consentie et l'appât offert à la majorité des ouvriers non qualifiés. En retour, on exige ou on poursuit l'accroissement de la productivité des catégories d'ouvriers aux salaires désormais accrus en fixant, par un calcul minutieux, la quantité de travail qu'elles doivent normalement fournir. C'est la méthode Taylor, pudiquement dénommée « Chronométrage ».

Mais la « réforme tarifaire » mécontente l'ouvrier qualifié qui en fait les frais. Elle tend à en diminuer le nombre et le zèle, alors que la méthode Taylor exige beaucoup de contremaîtres spécialistes et un matériel d'usine impeccable. L'un et l'autre faisant défaut, les : « instruments, matériaux et instructions « n'étant pas fournis en temps utile », l'application imparfaite du système provoque automatiquement l'abaissement des salaires et le mécontentement des ouvriers.

Mêmes difficultés pour la mise en œuvre des mesures normales de protection du travail et de défense contre les accidents. L'application du minimum des prescriptions établies à cet effet par le commissariat du travail, exigerait, pour une usine textile de Koloma, une dépense de 8 millions et demi de roubles. Faute de crédits nécessaires, le nombre des accidents y va croissant, passant de 2.249 en 1926-27, avec 16.813 jours de travail perdus, à 2.618 avec 18.667 jours de perdus durant les 10 premiers mois de 1927-28.

L'application, vainement poursuivie, des méthodes américaines apparaît difficilement compatible avec l'état présent de l'usine soviétique.

L'appel à la collaboration étrangère.

Enfin, l'appel à l'étranger, non plus par imitation mais par collaboration étroite, se fait de jour en jour plus fréquent et plus pressant.

Voici, à titre d'exemple, les déclarations dans les *Izviestia* d'un membre du parti : « Il nous faut, « infiniment plus que nous n'avons fait jusqu'à ce « jour, nous tenir au courant des résultats les plus « récents obtenus par la science et la technique « étrangères ; notamment, attirer à nous des spécia- « listes étrangers, étendre la pratique des contrats « conclus en vue d'une collaboration technique. « Nous devons mettre fin à l'improductrice dépense « de forces et de ressources en vue d'atteindre des « Amériques depuis longtemps découvertes, et, fran- « chissant ce stade, nous inspirer des résultats et des « exemples les meilleurs de la technique capitaliste ».

La Russie aspire à rentrer dans le circuit européen.

Du compte rendu d'une réunion de groupements administratifs et syndicaux consacrée aux vices et malfaçons trop fréquemment constatés en matière de constructions, tant d'usines que d'habitations, il ressort que des progrès assez sensibles auraient été récemment accomplis, notamment en matière d'éta- blissement des plans, grâce au concours sollicité d'ingénieurs et de spécialistes étrangers. La réunion conclut que chaque comptoir de construction devrait avoir un cadre d'ingénieurs étrangers.

Bien mieux, la liberté de faire appel à toutes collaborations étrangères en matière de techniciens et de capitaux a été récemment rendue à l'industrie de la construction d'immeubles de logement.

Un décret du 27 août 1928 habilite les entreprises privées à construire des maisons d'habitations sans limitation de capitaux ni d'ouvriers, même pour les usines ou fabriques annexes destinées à la production ou à la mise en œuvre des matériaux nécessaires. Elles conserveront la propriété des maisons construites en bois pendant soixante ans (ce qui laisse à prévoir une période plus longue pour les immeubles construits en pierre ou en briques) et pourront les louer pour telles périodes et à tels prix qu'elles seront libres de fixer.

Par ailleurs, la période est close où les autorités soviétiques manifestaient leur renonciation à la politique de concessions et faisaient fi des concours étrangers en sol russe. La presse soviétique publie désormais de longues listes des concessions appâts offerts au capitaliste étranger. Il n'apparaît pas que les garanties qui y sont jointes soient encore suffisantes pour lui donne pleine confiance. Tôt ou tard, pour survivre, le gouvernement russe sera conduit à les consentir. Chaque jour qui s'écoule le rapproche de sa capitulation.

CHAPITRE III

LA CRISE DU RECRUTEMENT DE L'ÉLITE

L'affaiblissement de l'élément prolétaire étant le moyen et haut enseignement.

Par une amère ironie, un régime sincèrement animé du désir de diffuser l'instruction en est advenu, par sa politique d'alimentation budgétaire de l'industrie, à des résultats parfois inférieurs à ceux du régime précédent qui se défiait de l'instruction populaire ou n'y accédait qu'avec hésitation et répugnance. L'enseignement secondaire et supérieur se vide peu à peu de ses éléments prolétaires. La prépondérance que, par des moyens factices, on parvient encore à leur donner, notamment en matière d'enseignement technique, aboutit à des résultats décevants. Sans doute, en faveur de la diffusion de l'enseignement, un effort a été fait, indéniable ; des écoles multiples ont été créées ; l'accès des classes populaires à tous les degrés de l'enseignement a été largement facilité.

Mais au Moloch de l'industrie le régime a dû sacrifier le développement intégral de l'instruction populaire. Il n'est pas un des multiples visiteurs enquêteurs, correspondants et reporters des « Izviestia » ou de la « Pravda » qui, décrivant quelque région de la Confédération soviétique, ne constate l'état de délabrement des écoles, la criante insuffisance de leur maté: iel scolaire. Par ailleurs, ni le budget, écrasé sous le poids de l'industrialisation, ni le revenu moyen, présentement si réduit, de l'ouvrier ou du paysan ne permettent l'entretien à l'école, des années durant, des fils de prolétaires.

L'enseignement primaire et secondaire sont direment cousus. L'école unique prend le jeune Russe à sept ans et, sous réserve d'examens de passage plus ou moins rigoureusement observés, le conduit à dix-huit ans. Mais peu d'enfants prolétaires sont en état de suivre jusqu'au bout la filière scolaire. Des enquêtes auxquelles il a été récemment procédé dans divers quartiers de grandes villes, notamment à Moscou, attestent que, au fur et à mesure que s'élève le niveau et que se prolonge la durée de l'enseignement, la composition sociale de l'école se transforme. Progressivement, à la majorité prolétaire se substitue une majorité d'enfants d'employés, de fonctionnaires, de l' « intelligentsia », de toutes les catégories qui composent la bourgeoisie du régime. Parallèlement, militants et enquêteurs soviétiques signalent, parmi les maîtres et la jeunesse de l'école ainsi transformée, un « mauvais esprit ». Hostilité ou indifférence au régime, esprit religieux, antisémitisme, y seraient enseignés et entretenus. Le risque

naît de voir l'état-major technique, l'armature économique et intellectuelle du pays, passer en des
mains ennemies ou neutres.

Les causes du mal sont aisées à discerner : manque
de crédits ; surabondance et insuffisance des étudiants prolétaires mal préparés et misérablement
entretenus. La question d'argent domine tout le
problème. Un spécialiste conclut une série d'articles
des *Izviestia* par la formule suivante : « La clef du
« problème de l'enseignement technique, il la faut
« chercher dans l'importance des ressources consa-
« crées aux bourses des étudiants et à la rémunéra-
« tion des professeurs ».

L'entretien des boursiers.

Tout l'enseignement supérieur, avec sa divsion en
établissements techniques et non techniques (Vtouzi
et Vouzi), est logé à la même enseigne. La médiocrité de la science qu'ils dispensent et des contin-
gents qu'ils fournissent est, pour une large part,
fonction de l'existence misérable où végètent les étudiants, notamment ceux issus de milieux prolétaires.

Ils sont, à l'ordinaire, entassés dans de vastes
casernes situées à la périphérie de Moscou. L'une
d'entre elles nous est décrite. Difficile d'accès, située
au bout de la ville, à l'extrémité d'un quartier misérable, accessible à travers marécages et immondices,
usine désaffectée, elle n'a ni eau, ni canalisation.
Pour se laver et pour boire, les étudiants ont l'eau

du ciel. Hiver comme été, ils en sont réduits, pour leur toilette, à un ruisseau qui court à travers un champ voisin. L'installation intérieure est d'un sommaire à l'avenant.

Or, l'ensemble des établissements d'enseignement supérieur de Moscou compte 34.400 étudiants dont 17.600 boursiers. 14.500 dont 12.500 boursiers vivent dans des casernes sinon identiques au moins comparables. On admet que, dans toute la Confédération soviétique, le personnel étudiant des établissements supérieurs technique (Vtouzi) compte 65 p. 100 de prolétaires et celui des autres établissements d'enseignement supérieur 50 p. 100. Ce sont, pour la plupart, des boursiers. On voit quelles conditions d'existence leur sont faites.

Or, si l'excès du bien-être n'est pas la condition nécessaire de bonnes études, il n'en saurait être de même de ce minimum de confort matériel qui fait ici défaut. Comment des étudiants, passés par l'atelier et le rapide dégrossissement de la faculté ouvrière (Rabfak), et recevant des bourses infimes (les élèves ingénieurs de l'Académie des Mines touchent 25 roubles par mois), pourraient-ils consacrer à des études, pour eux particulièrement difficiles, la plénitude de leurs facultés et de leurs efforts? Un article des *Izviestia* reconnaît que : « la médio-« crité des bourses oblige les étudiants à chercher « des travaux et des gains accessoires » et qu'ils ne disposent pas de moyens nécessaires « pour l'acquisi-« tion de la littérature technique indispensable ».

Les débuts du technicien.

Si, du moins, le sort des jeunes ingénieurs sortis des Vtouzi était, sinon brillant, au moins supportable. Mais il advient trop souvent que leur situation matérielle ne peut que contribuer à accroître leur désenchantement et à réduire leur autorité.

Les *Izviestia* ont organisé dans une région industrielle, dominée par des usines textiles des environs de Moscou, une enquête approfondie. J'y relève le fait suivant : un ancien ouvrier, passé par un institut technique et faisant fonction d'ingénieur, est contraint, faute de mieux, de vivre pour 5 Roubles par mois dans une étable, où vaches et volaille partagent son logement. Ses anciens camarades le dénomment par ironie le seigneur (Barine). Fait isolé sans nul doute et exceptionnel, nous avons vu nous-mêmes des jeunes ingénieurs sensiblement mieux pourvus, mais qui n'en illustre pas moins la situation faite à d'anciens élèves des Rabfak promus du rang d'ouvrier à celui d'ingénieur. Médiocre récompense et tentation de se livrer à l'effort nécessaire pour élever leur statut.

Ce qui est vrai des techniciens industriels ne l'est pas moins des techniciens agricoles.

Le nombre s'en est accru au cours des dernières années. La Russie soviétique compte désormais 3.300 ingénieurs agronomes attachés à des circonscriptions territoriales, 1.200 affectés aux coopérativ*s, 1.300 aux « Sovchoz [», 1.300 aux stations d'essai. Mais ils sont à l'ordinaire impuissants parce que misérables. En Grande Russie, une élévation récente a porté leurs traitements à une somme variant de 52 à 100 Roubles et ceux de leurs adjoints de 39 à 55 Roubles par mois, y compris, à l'ordinaire, tous « frais de déplacement », dans des circonscriptions aussi vastes que médiocrement desservies. Dans le gouvernement de Samara, à ce dernier titre, les Agronomes touchent 50 Roubles par an. Ailleurs, on leur conseille de profiter des « occasions » pour faire leurs tournées. Pour leurs logements, d'aucuns touchent du « volost » auquel ils sont attachés une indemnité de 5 à 8 roubles par mois qui les contraint de recevoir, de travailler, de dormir, de faire leur cuisine dans l'unique chambre dont ils disposent. Sans doute existe-t-il des centres d'agriculture (agropunkt) ; mais ils tombent en ruine et leur remise en état exigerait des crédits non alloués.

L'insuffisance de l'outillage scolaire.

Si étudiants et ingénieurs sont mal pourvus, les écoles qui les forment ne sont pas logées à meilleure enseigne.

Certains établissements de haut enseignement, spécialisés, comptant un petit nombre d'étudiants, pécuniairement soutenus par les industries qui y correspondent, restent à la hauteur des exigences techniques. Tels, à Moscou, l'Académie des Mines qui a fourni 300 ingénieurs en neuf ans et l'Institut des ingénieurs des transports, et, à Léningrad, les Instituts technologique et polytechnique. Mais le nombre des ingénieurs qu'ils forment est relativement restreint, dès lors que l'équipement de l'industrie soviétique, à l'issue de l'exécution du programme des cinq ans, exigera 20.000 ingénieurs et 11.400 techniciens nouveaux.

Les autres Vtouzi sont aussi pauvrement outillés que les étudiants sont misérablement logés. Leurs laboratoires sont en retard, dit un observateur bien placé, de plusieurs dizaines d'années. Ils comprennent, ne craint-il pas d'ajouter, des « appareils qu'il « eût été préférable de placer dans des musées pour « témoigner de l'état de la science et de la technique « au siècle passé ». Faute d'ouvrages et de revues étrangères, de contact avec les universités étrangères, le plus grand nombre d'entre ces établissements demeure muré dans des traditions périmées.

L'infériorité et le déchet des étudiants prolétaires.

Les Voutzi devraient être d'autant mieux outillées que leur tâche est effroyablement aggravée par le défaut de préparation des étudiants qui leur parviennent. Ils comptaient, avant la guerre, huit ans de Lycée, ou sept ans d'enseignement moderne (réal), plus deux années de préparation spéciale. Or, la majorité des étudiants provient encore des Rabfak où ils bénéficient d'une période limitée d'enseignement qui n'a été que récemment portée de trois à quatre ans.

Il advient fatalement que, de ces produits de Rabfak, une proportion énorme échoue en cours de route, soit éliminée par des examens de passage, soit découragée et épuisée par l'effort qu'elle ne peut conduire jusqu'au bout.

Récemment, le Commissaire à l'instruction publique Lounatcharsky, a dû reconnaître que toutes les fois qu'on a voulu rendre plus difficile l'examen d'entrée aux établissements d'enseignement supérieur, le nombre des enfants de prolétaires qui n'avaient pas eu le loisir de suivre un enseignement secondaire intégral tombait à 10 p. 100 du personnel étudiant ; que, par ailleurs, l'accession à l'enseignement secondaire des enfants du peuple n'était concevable que si, au moins pendant les trois dernières années de cet enseignement, ils se voyaient attribuer des bourses compensant, dans une certaine mesure, pour leurs familles, la perte de leurs gains.

La proportion des élèves prolétaires est théoriquement de 65 p. 100 dans les « Vtouzi ». Mais, entre l'entrée aux Rabfak et aux Vtouzi et la sortie de l'une et l'autre catégorie d'établissements, le déchet est énorme. L'élément prolétaire en fait fatalement les frais. Pour remédier à sa prompte diminution, des instructions ont été données, au cours de l'année 1928, de bourrer les Rabfak de 3.000 étudiants au moins en sus du contingent prévu et d'élever le niveau de leurs études à tel point que les élèves en sortant puissent entrer directement dans les Vtouzi. Mais cette « presse » de l'étudiant paraît impuissante à fournir de bons résultats si elle n'est complétée par une amélioration profonde et coûteuse de tout le moyen et haut enseignement.

En même temps que l'enseignement technique décline, l'enseignement scientifique désintéressé paraît, pour les mêmes motifs, se vider. Les cinq Instituts de physique et mathématique (Moscou, Léningrad, Kazan, Voronège et Koursk) disposent d'installations deux fois plus vastes que ne comporte le nombre actuel de leurs étudiants. Certaines branches ne comptent plus d'étudiants (botanique), d'autres (zoologie, anatomie comparée, histologie, géographie et anthropologie) en comptent de 1 à 4; des suppressions ont été envisagées.

D'où la situation que décrivent les *Izviestia* : « Le « nombre des techniciens de premier rang comparé « à nos besoins croissants est prodigieusement insi- « gnifiant. L'arrivée de technicien nouveaux s'opère « avec une telle lenteur qu'à peine suffit-elle à com- « bler les vides, à ne parler même pas de l'accroisse- « ment des cadres. Sans doute, au premier coup « d'œil, les chiffres d'étudiants dans les facultés et « hautes écoles techniques produit-il une impression « satisfaisante. Mais le pourcentage de ceux qui « vont jusqu'au bout de leurs études est anormale- « ment minime; dans certains établissements il « n'atteint que 7 p. 100 et même moins; ceux-là « même prolongent leurs études, qui devraient être

« de 4 à 5 ans, en fait, pendant 6, 7 et 8 ans. Enfin
« la composition sociale de cette minorité ne corres-
« pond pas aux exigences d'un gouvernement ou-
« vrier. »

L'enseignement de l'ouvrier à l'usine.

Si, en l'état actuel de l'économie soviétique, l'ouvrier voit fuir peu à peu devant lui la terre promise
du haut enseignement, pourra-t-il, du moins, s'élever
sans quitter le marteau ni l'usine ? Il faut à la pros-
périté de l'industrie collective, il faut à l'exercice de
la dictature du prolétariat, des ouvriers préparés à
leur double tâche économique et politique. L'un des
commissaires du peuple, Kouibichev, les y engage en
termes enflammés : « Chaque ouvrier d'industrie
« doit, dit-il, se donner comme but d'apprendre et
« encore d'apprendre. Il doit se dire qu'il sait trop
« peu au regard des tâches grandioses qui se dressent
« devant l'industrie. »

C'est fort bien dit, mais encore faut-il qu'il en ait
les moyens et le loisir. Et le problème de l'éducation de la masse ouvrière conduit au cœur même du
conflit qui divise actuellement les milieux soviétiques.

Si le niveau intellectuel et moral, le niveau des
connaissances techniques et politiques de l'ouvrier
ne s'élève sensiblement au cours des années et pour
les générations qui viennent, la dictature du prolétariat n'est plus qu'un nom et un leurre. Ainsi rai-

sonnent, dans leur impitoyable logique, les « jeunesses communistes » (Komsomol). Si même, ajoutent-elles, la conception marxiste doit recevoir application en Russie soviétique d'un monde ouvrier recevant de l'usine et par l'usine sa quadruple éducation intellectuelle, politique, morale et professionnelle, encore faut-il que le loisir lui en soit donné, qu'il bénéficie à cet effet d'un enseignement qui, si technique qu'en soit l'essence, lui permette cependant de dominer de haut sa tâche professionnelle, de ne pas se laisser rabaisser par elle au rang d'esclave de la machine

Conception et formule dont la réalisation se heurte à la double et impérieuse nécessité, pour l'ouvrier, de gagner tôt sa vie ; pour l'usine, d'employer tôt et à plein son contingent ouvrier.

Les familles ouvrières ne peuvent entretenir leur enfant à l'école jusqu'à dix-huit ans ; l'État soviétique s'y révèle impuissant. On a pensé, s'inspirant de la formule marxiste, que, par l'institution de l'école d'usine (Phézéou), l'industrie pourrait suppléer à cette double carence.

C'est ici que le conflit entre le réel et l'idéal atteint sa forme concrète.

Pour l'ouvrier non qualifié, cette école, étroitement liée à l'usine, ne comporte, d'après les plans même établis par les dirigeants politiques, qu'un enseignement réduit à deux années. Mais les dirigeants économiques des soviets l'estiment encore excessif. Ils insistent pour qu'il soit réduit à un an,

voire à six mois. « Si, disent-ils, un ouvrier et une
« ouvrière apprennent à diriger une broche en
« quatre mois, à quoi bon les maintenir six mois à
« l'école d'usine ? »

C'est contre cette tendance qu'il constate, à laquelle il s'efforce cependant d'arracher un minimum
d'éducation ouvrière, que s'élève le Commissaire à
l'Instruction publique Lounatcharsky. On le dé-
pouille des « Vtouzi » ; on en transfère la direction
aux Commissariats économiques. Il proteste, mais
avec quelles précautions et quelle modestie dans les
revendications :

« Nos dirigeants économiques oublient que, dans
« notre industrie, l'ouvrier n'est pas seulement
« ouvrier, qu'il est aussi patron. Ils se laissent en-
« traîner dans les voies du capitalisme aboli. Sans
« doute, la tâche qui leur incombe n'est-elle pas
« aisée de réduire les frais de production, d'ac-
« croître les bénéfices de l'État ; ils en viennent à
« concevoir le mot d'ordre de rationalisation
« comme un accroissement de l'exploitation des
« forces ouvrières sans les envisager comme des
« individualités vivantes. Sans doute, dans la dif-
« ficile situation où nous nous trouvons, l'ouvrier
« ne peut-il prétendre à un travail facile, à du
« confort, à un salaire tels que ceux dont il
« bénéficiera quand nous aurons remporté la vic-
« toire. Il lui faut auparavant supporter maints
« sacrifices, notamment celui de continuer à tra-
« vailler dans des conditions rappelant à bien des

« égards celles du capitalisme. C'est ainsi que beau-
« coup de formes d'intensification du travail nous
« apparaissent un progrès nécessaire dans notre con-
« currence avec la bourgeoisie étrangère. Il est
« cependant de notre devoir de découvrir une voie
« moyenne qui, sans réduire la productivité du tra-
« vail, nous permette en même temps de satisfaire
« à la dictature ouvrière de notre pays en élevant le
« niveau politique et culturel de la masse ouvrière. »

Il paraît difficile de dire plus clairement que les conditions matérielles du travail sont, en Russie soviétique, dans leur ensemble, strictement comparables, pour d'inévitables raisons d'organisation technique et de concurrence internationale, à celles de l'Europe capitaliste, et que l'élévation du niveau professionnel et intellectuel de l'ouvrier, dictateur politique et patron économique, est une tâche qui tient très sincèrement à cœur au régime nouveau mais dont la réalisation exige des ressources importantes d'argent et de temps. L'un et l'autre font actuellement défaut.

CHAPITRE IV

LA CRISE DE COLLABORATION
ET DE CONFIANCE

La collaboration des masses.

Quoique et, peut-être, parce que reposant sur une oligarchie, le régime communiste a toujours eu la hantise et senti la nécessité d'une communion permanente avec la masse. Loin de combattre les idées démocratiques, il entend les pousser à leurs conséquences extrêmes, au risque parfois de les exagérer jusqu'à leur caricature. Trop souvent, à l'idée juste, à la réforme utile il mêle le grain d'illusions et d'utopies malsaines. Mais, à en écarter les fumées, une collaboration permanente avec les représentants les plus authentiques du prolétariat ouvrier et paysan ne cesse de le préoccuper.

La doctrine qu'expriment les statuts du parti a été, par ses théoriciens, maintes fois exposée. J'en trouve l'expression dès les premières lignes d'un article de tête des *Izviestia* : « Le lien « permanent entre les organes du pouvoir, c'est-à- « dire les soviets, et la grande masse des élec-

« teurs, la responsabilité également permanente des
« soviets pris dans leur ensemble et de chacun de
« leurs membres au regard de ces mêmes masses
« constitue un des principes les plus essentiels de
« notre constitution. C'est par là qu'elle se distingue
« du parlementarisme bourgeois. » Le même article
ajoute, il est vrai, que : « il faut en toute franchise et
« très catégoriquement déclarer que nous ne sommes
« pas parvenus à traduire ces principes dans la réa-
« lité, ni au point de vue de cette responsabilité, ni
« au point de vue de faire participer les masses au
« travail quotidien des soviets en vue de diriger la
« construction de notre édifice politique, économique
« et culturel ».

Tous les dirigeants constatent, en le déplorant,
l'indifférentisme des masses. C'est ainsi que les élec-
tions des soviets ayant été reportées à l'automne
de 1928 par un décret du Praesidium du Tsik du
5 janvier 1928, et certains soviets ayant voulu, en
compensation, organiser des comptes rendus de
mandats, la plupart aboutirent à un échec complet
par la carence des électeurs.

Le « Vidvigentchestvo ».

Caractéristiques à ce double égard furent la nais-
sance et l'échec de l'institution du « Vidvigent-
chestvo ». C'est une sorte de « détachement » qui a
pour objet d'affecter, plus ou moins durablement,
des ouvriers et paysans, pris à l'atelier ou à la char-

rue, à des fonctions administratives exercées dans les syndicats, les coopératives, les administrations locales ou d'État. Au monopole des fonctions électives, ouvriers et paysans doivent joindre la pratique des postes administratifs. Ainsi le gouvernement soviétique se préoccupe-t-il de faire plus et mieux que les démocraties bourgeoises et parlementaires, donc doublement méprisables, de l'Europe occidentale et centrale.

Lénine a dit un jour que le peuple devait recevoir une éducation politique si complète qu'une cuisinière fût à même, du jour au lendemain, de participer, non seulement au contrôle, mais à la gestion des affaires publiques. La Russie communiste veut franchir l'étape du contrôle pour arriver d'un bond à celle de la gestion directe et presque exclusive des fonctions publiques par les masses populaires. L'apologue léninien de la cuisinière d'État a suscité le « Vidvigentschestvo ».

La conception de Lénine n'est pas nouvelle parmi les faiseurs de système. Déjà Fourier, par sa « papillonne », prévoyait la rotation des fonctions et des emplois. Du moins la maintenait-il dans certaines limites ; le bénéficiaire du système demeurait dans le cadre général de sa profession ou de son emploi. Le gouvernement soviétique entend aller plus loin. Un paysan, un ouvrier sont, du jour au lendemain, sans préparation professionnelle, expédiés dans les bureaux d'un « Commissariat », d'une administration de gouvernement ou de cercle, d'une coopérative. A pareils « détachements » le régime croit découvrir l'avantage, à l'automatisme, à la dédaigneuse ignorance des réalités du bureaucrate, du « tchinovnik «, égal à lui-même sous tous les régimes, de substituer la fraîcheur d'impressions, le contact avec la vie quotidienne, le détachement des traditions négatives du prolétaire conscient des exigences et des conditions de la vie du peuple.

Quoi qu'il en soit de telles perspectives d'avenir, le présent de l'expérience se marque par un échec. A de rares exceptions près, les « détachés », dont on a vainement battu le rappel, s'adressant aux femmes et même aux sans-parti, ont été peu nombreux et leurs « détachements » couronnés de peu de succès. Les journaux se plaignent de l'indifférence des ouvriers et paysans, même de leur répugnance à se voir confier des fonctions comportant des responsabilités. Par là se vérifie la conclusion à laquelle sont parvenues les entreprises américaines soucieuses d'associer leurs ouvriers à la gestion, que le nombre est très faible de ceux qui, toute question de capacité réservée, se sentent le goût des responsabilités, le désir des emplois dirigeants.

Ceux qui s'y sont résolus : ou se sont adaptés à leurs tâches nouvelles, s'assimilant à leur entourage et se confondant avec lui, ou, découragés, n'ont pas tardé à reprendre le marteau ou la faucille. Mal préparés, souvent mal accueillis dans les bureaux où on les dirigeait, reconnaissant spontanément leur inaptitude ou rebutés par l'hostilité mal déguisée du personnel permanent qui les reléguait aux emplois infimes, nombre d'entre les « détachés » retournent à la charrue ou à l'usine, jurant qu'on ne les y reprendra plus.

En dépit de ses défauts, le cadre permanent et le technicien l'ont emporté sur la bonne volonté improvisée, l'active sur la réserve. C'est le triomphe du « Tchinovnik » devenu le « Spez ». La preuve est faite que, jusqu'à nouvel ordre, le prolétaire doit se borner au rôle de contrôle sans vouloir collaborer à la gestion. Dans un pays où l'éducation des masses est si imparfaite, qui n'a pas conquis, par une longue tradition, la pratique des méthodes démocratiques, détruire toute bureaucratie, c'est supprimer, du même coup, permanence et compétence. C'est fatalement aboutir au chaos.

L'encouragement à la critique des institutions.

Les dirigeants ne s'en acharnent pas moins à poursuivre la collaboration ouvrière et paysanne. C'est qu'aussi bien ce qu'ils redoutent par-dessus tout, c'est l'indifférence et la passivité des masses. Ils estiment devoir tout mettre en œuvre pour qu'elles sentent que ce régime est le leur, qu'il agit non seulement pour, mais aussi par elles. Comme, au surplus. les faiblesses et les vices n'en sauraient plus être estompés par l'enthousiasme de la lune de miel révolutionnaire, ils estiment préférable de le voir se transmuer en critique plutôt qu'en torpeur.

Dénoncer les défauts du régime, chercher les moyens d'y remédier, c'est encore s'intéresser à lui et participer à son existence. En conséquence, loin de redouter la critique, il l'encourage et la provoque. Plutôt que de la voir s'exercer secrètement et contre lui, il prend l'initiative de la susciter et d'y collaborer.

Seuls, ce raisonnement et ces sentiments expliquent les recommandations du parti de pratiquer la « critique la plus féroce », en vue de provoquer de la façon « la plus hardie, la plus décidée, la plus per-« sévérante, la collaboration des masses à l'édifica-« tion de l'État socialiste, leur contrôle de tout l'ap-« pareil soviétique, leur purification de tous mauvais « éléments ». C'est le mot d'ordre récent de « l'auto-critique ».

C'est en son nom que, dans une circulaire récente adressée aux jeunesses communistes (Komsomol), on les encourage à combattre, outre le Koulak et le spéculateur, épouvantails traditionnels, l'indiscipline, l'ivrognerie, l'indifférentisme, la routine en tous domaines, et, à cet effet, à susciter la critique des jeunes paysans et ouvriers, lors même qu'ils n'appartiendraient pas au parti. « Il faut parvenir « à une complète démocratie qui ne peut s'exercer « que par le contrôle permanent des masses sur le « travail des organes dirigeants. »

Le ralentissement de l'activité politique.

Or, ces appels ne paraissent couronnés que d'un maigre succès. La période héroïque est close. Les difficultés économiques, la recherche du pain quotidien l'emportent sur les préoccupations politiques. La participation active à l'œuvre des soviets passe au second plan. Seule, une fraction du parti, la minorité fervente, se consacre-t-elle encore, avec un zèle réduit, à la propagande politique. Toute tentative, extérieure ou intérieure, de bouleversement politique nouveau ne manquerait sans doute pas de ressusciter une ardeur actuellement assoupie. Pour l'instant, suivant l'image qu'emploient les militants : « l'activité politique des masses s'est glacée ».

L'un d'entre eux rapporte mélancoliquement la conversation suivante qu'il lui a été donné de surprendre : « Les communistes, nous les reconnaissons « désormais aux portefeuilles et aux réunions. Croisons-nous sur le trottoir un homme avec un porte-« feuille sous le bras, c'est nécessairement un com-« muniste ; quant aux réunions, il n'y va que les « communistes ». Le même ajoute : « L'admirable « création de Lénine, le soviet, n'est plus guère, en « tous lieux, qu'un bureau et pas des meilleurs, dont « le président est l'homme à tout faire, balayeur « et tournebroche. Le plus souvent, au village, tout « le soviet se concentre en la personne du président, « à qui, devant la complexité de la tâche imparfaite-

« ment comprise de construction de l'édifice sovié-
« tique, il advient de perdre la tête ». Des autorités
supérieures ne lui vient guère d'appui efficace.
Leur action ne se marque trop souvent que par
des directives, des instructions, des circulaires,
« une neige de papier qui tombe sans relâche
« sur la province, le village, les autorités infé-
« rieures ».

B ef, la « grande idée de Lénine de la direction du
« village par le prolétariat urbain, du groupement
« des millions de prolétaires en vue d'un travail poli-
« tique commun et volontaire accompli dans toutes
« les localités, ce te idée se bureaucratise de la plus
« barbare façon ». Et toujours la même conclusion,
attristée sinon résignée : « Le mouvement s'est glacé,
« il a tari ».

« Une des raisons profondes qui ont provoqué
« l'actuelle et temporaire passivité des masses où
« s'accumule une telle quantité d'énergie et d'acti-
« vité potentielles est le vieillissement des systèmes,
« des méthodes et des formes de notre travail de
« direction et d'éducation politique ». Ainsi se
lamente, dans les *Izviestia*, le camarade Boirov,
membre et dirigeant du parti dans le « gouvernement » de Smolensk. Il propose, à titre de remèdes,
la création au « Gouvernement » de « brigades d'organisateurs et collectivisateurs » et, au « Volost », de
« stations d'essai », bref le retour aux antiques procédés de propagande politique. Il ne discerne pas à
quel point l'ère en est close et comment des remèdes

aussi superficiels seraient impuissants à atteindre le mal à la racine.

C'est un des aspects les plus saisissants et par moments tragiques de la Russie soviétique que la lutte, souvent désordonnée, maladroite et brutale, poursuivie par le parti communiste en vue d'introduire dans la pâte russe le levain démocratique, afin de lui imposer la pratique du self-government politique et économique. Quelque préoccupation intéressée qui s'y mêle de rendre la paysannerie solidaire du régime, la sincérité de cet effort n'est pas douteuse, non plus que son échec au moins temporaire.

L'esprit se porte invinciblement vers cette autre volonté de bouleverser et transformer, fût-ce par la violence, la terre et l'homme russes, que fut celle de Pierre Ier. Si choquante puisse-t-elle paraître, la comparaison s'impose, à plus d'un égard, entre les voies suivies par Pierre Ier et par le présent régime. C'est la même tendance à emprunter à l'Occident des inspirations et des modèles qui fit de Pierre Ier le précurseur et le héros de l'école « occidentaliste » (zapadnicki). C'est la même ardente volonté, s'inspirant des plus récentes découvertes et méthodes de la technique européenne, de mettre en œuvre, au bénéfice de la Russie, les richesses enfouies de la terre russe; de répandre l'instruction ; de développer, sous toutes ses formes, l'industrie russe, par la collaboration et aux frais de l'État ; d'incorporer dans une hiérarchie de fonctions obligatoires toutes les catégories sociales bon gré mal gré placées au service de la nation ; de briser oppositions et répugnances en faisant appel aux répressions brutales, aux châtiments cruels. C'est la même résistance passive de la masse dénonçant en Pierre Ier l' « usurpateur » et « l'antéchrist », résistance dont peut seul triompher le facteur Temps, de part et d'autre méconnu [1].

1. Cour d'histoire russe de Klioutchevski 1910 — T. IV. « Pierre Ier se donna pour tâche de fournir au travail russe « les meillleurs exemples et instruments techniques de produc-« tion ; d'introduire dans l'économie nationale de nouvelles « industries permettant au travail populaire l'exploitation des « richesses inexploitées du pays... Il se préoccupa, par-dessus « tout, du développement des industries de transformation, « notamment de la métallurgie, plus particulièrement utile à la « guerre » (p. 141).

« Pierre Ier faisait à l'ordinaire édifier aux frais du Trésor « les nouvelles fabriques qui lui paraissaient nécessaires ; après « quoi il les transférait, avec privilège, à des entrepreneurs « privés. C'est ainsi que, en 1712, il donna l'ordre de bâtir « aux frais du Trésor une fabrique de drap et, en vue de la « transférer à des commerçants, de former une compagnie... La « gestion d'une fabrique ou la formation d'une compagnie « étaient une forme de l'obligation de servir et la fabrique « comme la compagnie étaient investies du caractère d'institu-« tion gouvernementale » (p. 155).

« Au temps de Pierre Ier, les fabriques et usines n'étaient pas « entièrement des entreprises privées ; exclusivement dirigées « par des intérêts privés, elles avaient le caractère d'entreprises « gouvernementales que l'État exploitait par l'intermédiaire de « son mandataire forcé : les ghildes de marchands » (p. 280).

« La réforme de Pierre fut la lutte du despotisme avec le « peuple pour son bien. Il espéra, au moyen de la violence « exercée par le pouvoir, provoquer dans une communauté « d'esclaves la libre activité et, par le canal d'une noblesse ter-« rienne, propriétaire d'esclaves, introduire en Russie la science « européenne et l'instruction populaire, conditions nécessaires « de l'exercice de cette libre activité. Il voulut que l'esclave, « demeurant esclave, agît librement et consciemment. L'action « conjuguée du despotisme et de la liberté, de l'instruction et de « l'esclavage, c'est la quadrature du cercle politique, c'est

L'appel de Gorki à l'héroïsme prolétaire.

Au cours de son séjour et de son voyage récents en Russie, Maxime Gorki a senti le découragement qui gagnait la masse, l'esprit critique qui l'animait désormais au regard des institutions soviétiques et qui, négligeant les lents progrès vers l'idéal poursuivi, lui fait plus durement éprouver les rudesses de la période actuelle. Il rapporte qu'il a maintes fois entendu dire : « Du travail, des soucis, nous en avons « notre charge ; des résultats, des réalisations, point « n'en voyons ».

Et aussi bien Gorki reconnaît-il que, pour poursuivre sans se décourager la lutte, pour construire le « nouvel État », pour se sentir « une des forces vi-

---

« l'énigme qui nous fut proposée au temps de Pierre Iᵉʳ et qui,
« deux siècles après, n'est pas résolue » (p. 293).

« Faute de ressources et de préparations, le vaste plan de
« création d'établissements d'enseignement dont, à son retour
« d'Europe, Pierre Iᵉʳ méditait la mise à exécution, s'est réduit
« à quelques établissements d'enseignement élémentaire ou tech-
« nique » (p. 317).

« Pierre Iᵉʳ lui-même se préoccupait d'instituer une école pré-
« paratoire populaire. En 1714, lors de l'« oukaze » relatif à
« l'enseignement obligatoire de la classe noble, ordre fut donné
« d'expédier des maîtres dans tous les « gouvernements » afin
« d'enseigner l'arithmétique. L'entreprise réussit mal ; les enfants
« ne furent pas envoyés aux écoles nouvelles ; on fit appel à la
« force, à la prison, à la force armée. Au bout de six ans, fort
« peu de ces écoles étaient construites... Des 47 maîtres envoyés
« dans les « gouvernements », 17 ne trouvèrent pas d'élèves et
« revinrent ; dans l'école de Riazan, ouverte seulement en 1722,
« on réunit 96 élèves mais 59 s'enfuirent » (p. 328).

« vantes qui le bâtissent », il faut se livrer à un effort qui, plus qu'humain, doit être qualifié d'héroïque.

Mais les héros sont peu nombreux. Gorki en vient à signaler les dangers de la politique d'autocritique. Il reconnaît que les dirigeants ont, en l'adoptant, obéi à une impérieuse nécessité. Qu'on le veuille ou non, l'autocritique est désormais une forme de l'activité intellectuelle de la Russie soviétique dont il est impossible de prédire les conséquences. Gorki n'est pas sans la redouter [1]: « l'autocritique est né-
« cessaire, dit-il, mais elle ne doit pas atteindre à
« l'hystérie. Il semble que, parfois, l'autocritique
« soit suscitée moins par le désir du succès de l'œuvre
« à accomplir que par le défaut de confiance en sa
« grandeur, par le doute en sa légitimité ». « En
« s'exerçant à l'autocritique, il faut, à mon avis,
« ne pas oublier que la jeune génération non seule-
« ment lui prête l'oreille, mais aussi force passionné-
« ment le ton, qu'elle rappelle et exagère toutes les
« offenses qu'elle prétend avoir subies. La critique
« à objectif pratique est inévitable ; mais il convient
« de ne pas oublier qu'il est très difficile d'unir har-
« monieusement en un même individu l'esprit cri-
« tique et l'esprit de création. » Où s'arrêtera, offi-
ciellement déclenchée, une telle politique ? Il se le demande, non sans inquiétude.

A l'occasion du « rude, humble, quotidien et sou-
« vent mal récompensé labeur du peuple russe », le grand artiste qu'est Gorki évoque les « belles lé-
« gendes d'Hercule et des héros de tous pays et de

« toutes époques ». « Le peuple, ajoute-t-il, n'a
« jamais accordé son affection à ces saints qui ont
« quitté ce monde et la vie pour faire leur propre
« salut, mais seulement à ceux qui, dans le monde,
« parmi le peuple, ont lutté contre les maux de
« l'existence ». D'après lui : « en l'ouvrier soviétique
« naît et croît un héros authentique ». Il est frappant
de voir à quel point la sanctification par Gorki de
l'ouvrier russe va rejoindre, en la forme et en l'esprit,
la sanctification, par Dostoievsky, de ce paysan
russe dont, jadis, le même Gorki a si âprement dé-
noncé les vices. Pour lui rendre courage, il se propose
de lui donner un « miroir », sous la forme d'un journal
qu'il inspirera et qu'il dénommera « Nos résultats »
(Nachi Dostigenie). Le remède paraît médiocrement
efficace. L'inquiétude et le témoignage valaient
d'être signalés.

CHAPITRE V

LA CRISE DE L'AUTORITÉ SUPRÊME

Un régime né d'un coup de force n'est assuré de survie qu'à la double condition que se prolonge la collaboration de la classe ou du peuple dont l'élan le porta au pouvoir et que de ses rangs surgisse une élite dirigeante. Faute de quoi, il végète, exposé aux soudains retours de fortune.

Plus que la double crise de production agricole et industrielle, les témoignages d'indifférence populaire et d'insuffisance en nombre et en qualité des cadres intellectuels et techniques sont des symptômes dont la gravité ne saurait être méconnue. Répercutés à l'échelon supérieur, ils affaiblissent l'institution politique elle-même.

Le risque est grand pour une oligarchie dirigeante, privée des contacts nécessaires avec le peuple, de prendre des mesures qui creuseront le fossé, qui provoqueront son isolement du pays et la désaffection des masses. Livrée à elle-même, elle agira dans la nuit. Risque d'autant plus redoutable qu'à la crise du recrutement des cadres techniques correspondra une crise comparable dans les cadres politiques.

Or, pareille situation vient d'être mise en lumière par des articles du plus vif intérêt publiés, en novembre 1928, dans la « Renaissance »[1] par M. Bajanov, ancien lieutenant de Staline et Secrétaire du « Bureau Politique » du parti communiste. Il conte que, contre-révolutionnaire dans l'âme, affilié au parti et parvenu aux emplois supérieurs pour participer à sa transformation profonde, puis devenu suspect au Guépéou, il dut s'enfuir de Russie en janvier 1928. Un espoir l'a longtemps guidé : l'achèvement de la Révolution russe en un Thermidor et par un Bonaparte. Il l'a successivement mais vainement incarné en Trotsky et en Fruntze, tour à tour chefs et animateurs de l'armée rouge, terrain d'élection d'un futur bonapartisme russe. Un moment tenté, Trotzky aurait reculé, parce que, co-auteur de la Révolution d'octobre et juif, un retour de la Russie aux voies normales eût été sa perte à ce double titre. Dans des entretiens secrets avec Kemal-Pacha, Fruntze aurait puisé la leçon et éprouvé la contagion du bonapartisme. Soupçonné par Staline, il aurait été impérieusement prié de subir une opération grave, dangereuse pour un cardiaque, au cours de laquelle il succomba. Définitivement déçu, ne comptant plus sur une évolution intérieure, M. Bajanov, désormais, semble

---

1. « Vozrogdenie », journal d'émigrés russes paraissant à Paris.

mettre son espoir en une secousse venue ou préparée du dehors.

Mais l'intérêt de son étude réside beaucoup plus dans un portrait de Staline, un exposé du fonctionnement actuel de la machine du parti et une description des séances hebdomadaires du Bureau politique. C'est le témoin oculaire qui parle ; à le tenir même pour relativement partial, son témoignage vaut d'être retenu.

Il nous montre comment la direction du parti et du pays s'est concentrée successivement dans le Conseil des commissaires, puis dans le Bureau politique, puis dans la Troïka (Trotzky ; Zinovief ; Kamenief), puis, enfin, dans la personne de Staline. Manœuvrier de génie, ambitieux du pouvoir, conscient de sa médiocrité, il a contribué à éliminer du parti, au bénéfice des Secrétaires d'organisation locale, ses créatures, ses grands électeurs aux Assemblées plénières qui le réélisent automatiquement, tous les représentants de « l'Intelligentsia », tous les hommes capables de clairvoyance et d'initiative[1].

Staline, que hasards et intrigues ont porté à la dictature de fait, apparaît le symbole du régime nouveau qu'il a façonné à son image. L'auteur des articles le décrit, immuablement et sobrement vêtu ; menant dans deux petites chambres du

---

1. L'élément juif a entièrement disparu du Bureau politique où il fut un moment prépondérant. La plaisanterie court qui compare Moïse à Staline, dont l'un conduisit les Juifs hors d'Égypte, et l'autre hors du Bureau politique.

Kremlin, avec sa femme et ses enfants, une vie austère ; taciturne par nature et par méthode, pour dissimuler son ignorance et s'environner d'un prestige de mystère ; ne s'irritant, ni n'élevant jamais la voix ; ne lisant et n'étudiant jamais ; pratiquant avec une maîtrise orientale l'art de la dissimulation ; ignorant tout de l'étranger dont il ne parle aucune langue ; calfeutré dans l'atmosphère du parti ; ne songeant et ne veillant qu'aux désignations de personnes qui lui permettent de manœuvrer à sa guise les Congrès annuels qui élisent le Bureau politique et le Secrétaire Général ; sachant, aux réunions, flairer et dégager, toujours en peu de mots, le sentiment de la majorité ; animé d'une seule préoccupation : conserver le pouvoir dictatorial qui lui est échu ; conscient que ce pouvoir est inséparable de la domination persistante du parti communiste au sort duquel il s'estime étroitement lié ; hostile, par médiocrité et par intérêt, à toute transformation qui en éloignerait la Russie. Sorte de Robespierre russe qui a su, sans effusion de sang, éliminer Danton-Trotzky et qui tient trop serrés les fils de son Assemblée et de ses Comités pour qu'ils puissent à leur tour le mettre en accusation.

Portrait saisissant. Mais, dans les conclusions que l'auteur en tire, il est possible de démêler quelque contradiction. Est-il bien assuré que cet homme qui, ni doctrinaire, ni fanatique, n'est qu'ambitieux du pouvoir et qui, demeuré proche du peuple, en peut mesurer les tendances, opposera aux transformations inévitables, notamment dans l'ordre économique, lorsqu'elles lui apparaîtront la condition même du maintien de son autorité, une invincible résistance ? N'aura-t-il pas tendance à les favoriser ? La médiocrité même des créatures dont il s'est entouré ne facilitera-t-elle pas, le moment venu, l'exécution d'un tel dessein ? Sans doute apparaissent-ils hors d'état de prendre, par prévision de l'avenir, l'initiative d'un tel mouvement; mais sauront-ils et oseront-ils s'y opposer ?

De la concentration et de l'abaissement intellectuel du pouvoir central, M. Bajanov nous fournit une preuve complémentaire en nous traçant le tableau des séances du Bureau politique où domine la volonté de Staline.

Réuni chaque jeudi au Kremlin, il prend, sur tous sujets et en toutes matières, des décisions souveraines. Impôts ; relations économiques et politiques avec l'étranger ; organisation de l'armée ; exécutions sommaires ou précédées d'un simulacre de jugement du Guépéou ; nominations de hauts fonctionnaires ; fixation des prix du charbon, du blé et des salaires ; aucun problème important qui ne lui soit soumis. C'est le Sénat de la République communiste et le Conseil des commissaires du peuple n'est, d'après M. Bajanov, que son « organe d'exécution ».

Et cependant, à quelques rares exceptions près, les membres qui le composent se le disputent, au dire de notre témoin, en nullité de préparation et en insuffisance intellectuelle. Tous autochtones, ils n'en parlent pas moins russe en violant également les règles de la grammaire et celles de l'accentuation. Ils siègent autour d'une longue table revêtue de l'universel tapis vert. Rykof préside, assisté, à droite, d'un secrétaire (hier, notre informateur, aujourd'hui une jeune femme nommée Gliasser, jadis secrétaire privée de Lénine), à gauche, de Staline. Commissaires du peuple, ministres, techniciens dont le rapport ou l'avis pourra être requis ont été convoqués. Ils attendent, pêle-mêle, dans la salle voisine, et souvent plusieurs heures, que le Conseil souverain daigne leur faire appel. Sur une brève indication du secrétaire, des vétérans, tels que Tchicherine ou Lounatcharsky, des réorganisateurs de Trusts, des spécialistes d'exceptionnelle compétence comparaissent devant le redoutable tribunal. Son ordre du jour est exceptionnellement chargé ; son temps est précieux. Au commissaire aux Affaires étrangères, aux techniciens, aux rapporteurs des affaires les plus graves, deux, trois, cinq minutes sont dictatorialement allouées. Puis le Bureau statue et sa décision fait loi.

A négliger les conceptions personnelles de l'auteur, ses descriptions, dont il paraît difficile de douter qu'elles soient fidèles, mettent en lumière deux causes certaines d'affaiblissement du régime :

Cependant que, pendant plus d'un an, l'assemblée des représentants élus du peuple russe n'a pas été convoquée, le Bureau politique siège et statue hebdomadairement. Par son intermédiaire, tout le pouvoir, dans ce gigantesque territoire de 140 millions d'habitants, tend à se concentrer dans les deux petites chambres du Kremlin, où, isolé de tout contact avec le monde extérieur par sa taciturnité et par sa politique, vit le dictateur Staline, successeur des Tzars. Quelques efforts sincères vers la démocratie qui y soient tentés, les jours ne sont pas comptés en Russie du régime autocratique.

En même temps que l'autorité et le pouvoir du parti se concentrent en un nombre sans cesse réduit de dirigeants réels, leur niveau intellectuel s'abaisse. C'est le déclin de l'élite, en l'absence de laquelle, nul pays comme nul régime ne saurait subsister.

CONCLUSIONS

Au point de vue agricole, deux conclusions paraissent acquises : le régime de la grande propriété, du rôle mi-politique, mi-économique du Pomiechtchik est aboli sans retour ; par contre, devant les progrès envahissants de la petite exploitation individuelle, avec ou sans organisations coopératives, les projets d'exploitations rurales collectives sont relégués en un lointain et douteux avenir. A la propriété de la terre le paysan tend de plus en plus à joindre le libre choix de ses cultures et la libre disposition des produits de son sol.

En matière industrielle, le régime a fait trop d'efforts, couronnés d'un succès relatif sans doute, mais dont il ne faut méconnaître ni la réalité, ni l'importance, pour que, en dépit de la gravité de la crise présente, un retour pur et simple à l'exploitation industrielle privée semble possible. Par contre, le triomphe prochain d'un régime intégral d'exploitation industrielle collective paraît d'ores et déjà exclu.

Vanité nationale et orgueil doctrinal qui, en

Russie soviétique, si souvent s'épaulent et se confondent, l'ont conduite à cette ambition de vouloir se suffire à elle-même où ont échoué des puissances aux bases économiques autrement solides. Ambition qui n'eût été partiellement réalisable qu'à la double condition que l'agriculture fournît aux besoins d'importation de l'industrie un surplus massif exportable, et que l'industrie fût en mesure d'approvisionner largement l'agriculture en produits de consommation et en moyens de production.

Économiquement, la Russie s'est révélée impuissante à remplir, à bref délai, cette double condition.

Politiquement, au fur et à mesure que le paysan prendra conscience de ses droits et intérêts de classe, il exigera que soient employées les méthodes propres à provoquer l'écoulement de ses produits sur les marchés extérieurs et, par l'appel à l'importation étrangère, l'abaissement du prix des marchandises qu'il consomme. Il ne se laissera plus aisément sacrifier à l'industrie d'État, qui, de reste, à une politique moins ambitieuse, plus mesurée, favorisant l'exportation rurale, trouvera, en fin de compte, son intérêt et son équilibre.

Bref, pour éviter une catastrophe, un changement complet de méthode s'impose à bref délai.

Tenant compte du stade économique et de la structure sociale de la Russie, il aura sans doute pour effet de placer le développement de la production agricole au premier rang des préoccupations publiques, notamment budgétaires ; à cet effet, de favoriser une large importation de marchandises et d'outillage destinés au monde rural ; de limiter, provisoirement au moins, l'effort industriel à certaines catégories d'industrie et de le rendre plus efficace par la collaboration de techniciens et de capitaux étrangers dont l'apport et la rémunération seront précisément suspendus à l'accroissement du surplus exportable de l'agriculture.

Par une double mais inévitable brèche apportée au monopole d'État englobant la totalité du commerce extérieur et de la production intérieure, certains commerces et certaines industries recouvreront, sous forme d'une Nep nouvelle s'accomplissant par étapes, une large part de liberté.

Des formules intermédiaires surgiront peu à peu, graduées, suivant les industries, de la liberté d'exploitation et d'appel aux capitaux, tant russes qu'étrangers, à une collaboration où l'importance des rôles respectifs variera entre État russe, de dictature ouvrière, et capitalistes privés.

Il serait regrettable que, en vue de telles éventualités il ne fût pas procédé à des études, à des groupements d'industriels et de banques des pays intéressés, faisant front commun et sachant concilier l'intérêt du rééquipement industriel de la Russie et les droits légitimes des industries tant étrangères que russes qui furent dépossédées sans indemnité. Il faut prévoir cette évolution, comme il faut souhaiter qu'elle s'accomplisse sans révolution sanglante nouvelle, avec la collaboration volontaire des autorités russes actuelles.

Le rythme en dépend de circonstances politiques difficilement prévisibles.

Au même titre que les personnes physiques, les personnes morales tendent à s'adapter aux conditions et à se rallier aux mesures propres à assurer la prolongation de leur existence. La pression de la réalité les ramène tôt ou tard à l'état d'équilibre. Mais la passion souvent égare les partis politiques. Illusions et utopies ont la vie dure. Conviction sincère, étroitesse doctrinale, crainte d'être dénoncés et dépassés s'unissent pour en assurer la persistance. Par ailleurs, l'extrémisme, sous sa forme trotzkyste, n'est pas mort. Les difficultés du ravitallement urbain par la mauvaise volonté paysanne n'ont pas manqué de ressusciter cette défiance de l'ouvrier et de l'intellectuel révolutionnaire contre le paysan traditionaliste et conservateur qui fut le fondement le plus profond et le plus solide de la « nouvelle oppo- « sition ». Faisant contrepoids à une aile droite nombreuse et influente, prête à toutes les transformations que d'aucuns qualifieront de capitulations, le parti compte, en dépit de purifications successives, une forte proportion d'éléments d'extrémistes.

De ces forces et de ces tendances les dirigeants doivent tenir compte. Ainsi s'expliquent les à-coups et les contradictions de leur politique.

D'une part, dans un plateau de la balance, il faut placer : le débordement de violences, arrestations et exécutions, qui suivit le rappel de l'ambassadeur anglais ; le procès du Donetz, mené à grand orchestre, où furent impliqués, pour être finalement mis hors de cause, des ingénieurs allemands ; la suspension anti-constitutionnelle des assemblées du Tsik ; les « mesures exceptionnelles » contre l'agriculture ; les appels à la guerre civile et à la révolte des colonies adressés au dernier Congrès de l'Internationale par Rikof et Boukharine ; la sinistre et persistante activité du Guepeou. Dans l'autre plateau il faut mettre : les efforts pour amener la masse à participer à la vie politique ; les emprunts générateurs de rentiers ; le désir de rendre à la Russie, aux côtés des bourgeoisies occidentales, sa place dans la vie internationale qui s'éclaire de l'adhésion empressée au pacte Kellogg-Briand à la rédaction duquel on avait négligé de convier les soviets ; une politique rurale laissant au paysan moyen la bride sur le cou; une politique industrielle se modelant étroitement sur les méthodes capitalistes ; une politique scolaire se résignant à faire appel à la collaboration nécessaire des reliquats de la bourgeoisie ; une politique militaire qui dote la Russie d'une armée dans les règlements de laquelle le mot discipline est prononcé aussi souvent que dans les pays bourgeois.

Tout témoigne que, en dépit des apparences et des mots, des coups de frein brutaux, le gouvernement soviétique tend à se rapprocher des autres gouvernements européens, qu'il est de plus en plus animé du désir de s'associer avec eux, si bourgeois et capitalistes soient-ils.

Comment se pourrait-il longtemps soustraire aux forces qui l'entraînent ?

Nourrir une population ouvrière sans cesse croissante qui ne saurait être rémunérée que sur le produit de la vente effectuée sur le seul marché intérieur de marchandises industrielles exigeant l'importation préalable de matières premières étrangères. Pour développer la première et acquitter les secondes, développer sans relâche la capacité de la population rurale de consommer ces marchandises et de produire des matières premières exportables. Multiplier à cet effet, en quantité et en qualité, l'état-major technique destiné à encadrer la nation. Triple tâche dont dépendent l'avenir et la durée du régime.

A une observation superficielle du phénomène russe l'importance décisive de tels problèmes risque d'échapper, tant d'autres aspects sollicitent la curiosité, provoquent l'enthousiasme ou la haine. Tels : les efforts de transformation du statut familial et scolaire ; les pouvoirs et le recrutement de l'oligarchie communiste ; le rôle répugnant de la police politique ; le renforcement de l'armée rouge ; les efforts spasmodiques' de propagande extérieure. Mais, à les étudier et discuter exclusivement, on n'atteint pas le tuf, on ne sent pas battre le pouls du régime.

Plus qu'en aucun autre pays, l'économique, en Russie, commande le politique. La Révolution a détruit les réserves intérieures accumulées. Le crédit extérieur est sans cesse à reconquérir. On vit au jour le jour. Si donc vont s'accentuant l'abstention paysanne, le chômage ouvrier, la décadence des cadres, la relative solidité de l'armature politique ne saurait, à elle seule, prévenir l'effondement brutal ou l'agonie lente.

Or, à chacun de ces maux un ou plusieurs remèdes correspondent qui marquent la rupture avec l'idéal théorique dont, pour leur propagande tant interne qu'extérieure, se prévalent les dirigeants soviétiques.

L'intensification de la culture du sol est liée à la reconnaissance de la liberté du paysan d'exploiter sa terre, de vendre ses produits, de gérer ses affaires locales, l'intervention des pouvoirs politiques se limitant à l'amélioration de son éducation et de son équipement professionnels. La production industrielle n'ira croissant qu'autant que seront desserrés les liens étatiques qui emprisonnent l'activité des Trusts et que, pourvus d'une large autonomie, la direction effective en sera transférée de l'élément politique à prédominance ouvrière à l'élément technique plus ou moins étroitement associé à des ingénieurs et à des capitalistes étrangers. Nuls cadres de techniciens agricoles et industriels, nulle reconstitution d'un État-major dirigeant et d'une intelligentsia russes sans qu'un large appel soit fait, en Russie et hors de Russie, aux jeunes générations, d'ascendance bourgeoise, dont les rangs ne s'ouvriront largement aux enfants prolétaires que moyennant le virement des subventions budgétaires industrielles à l'équipement scolaire et universitaire.

Monnaie des protagonistes disparus ou éliminés, il est douteux que les dirigeants actuels aient assez d'envergure ou que les événements leur laissent assez de liberté d'esprit pour prendre la nécessaire mais périlleuse initiative des transformations nécessaires. Sans doute continueront-ils de se laisser aller au fil des circonstances. Sans doute n'ont-ils pas encore dégorgé toutes leurs illusions, renoncé à leur intransigeant orgueil mi-doctrinal, mi-national. Mais l'impérieuse pression de la réalité, la crainte des réactions populaires les contraindront à se résigner, plus ou moins ouvertement, à la déformation progressive de leurs doctrines.

C'est à cette évolution, mais qui se poursuivra suivant une ligne brisée, au gré des événements, que nous continuerons sans doute d'assister au cours des années qui viennent.

L'Allemagne ne cesse d'y marquer un intérêt actif. Les experts consultés par les Trusts sont allemands ainsi que la majorité des ingénieurs étrangers travaillant en Russie. Une grande semaine technique allemande a été récemment organisée à Moscou avec le concours des autorités gouvernementales. La Convention russo-allemande de 1929 prévoit et organise, pour traiter toutes questions qui pourront se poser entre les deux pays, des conférences périodiques. En dépit de mainte déception, l'Allemagne poursuit méthodiquement, à son ordinaire, la partie commencée à Rappallo, sinon à Brest-Litovsk. Aux inévitables transformations économiques russes, il appartient à la France qui possède en Russie tant d'intérêts de tous ordres, qui compte tant d'hommes familiarisés avec le sol et le peuple russes, de se préparer et de participer. Faute de quoi, solution unique des difficultés décrites, l'ombre s'étendra bientôt sur la terre russe d'un protectorat économique allemand, soutenu par des capitaux américains [1].

---

1. Lobof, Président du conseil supérieur économique, est récemment revenu d'un voyage d'études aux États-Unis, débordant d'enthousiasme pour les méthodes industrielles américaines. Il entend favoriser l'envoi au pays des Trusts capitalistes de jeunes ingénieurs russes chargés à l'avenir de diriger les Trusts prolétariens. Le Président de la Banque d'Etat Scheinman est parti représenter la Russie à New-York. Par ailleurs, un Club américain fonctionne à Moscou. Le nombre de voyageurs américains en Russie soviétique se multiplie. Des négociations sont en cours entre les autorités soviétiques, la General Electric Co, la General Motor et Remington.

TABLE DES MATIÈRES

1338. — ÉVREUX, IMPRIMERIE CH. HÉRISSEY. — 3-29